El Arte del Trading Cuántico ∞ John Carballar

Derechos de autor © 2024 John Carballar

El Arte del *Trading* Cuántico

Todos los derechos reservados

Ninguna parte de este libro puede ser reproducida, almacenada o transmitida en cualquier forma o por cualquier medio, ya sea electrónico, mecánico, fotocopia, grabación u otros, sin el permiso previo por escrito del autor, excepto en el caso de breves citas utilizadas en reseñas o artículos críticos.
Este libro es una obra de no ficción. Los nombres, personajes, lugares e incidentes son producto de la investigación del autor. Cualquier semejanza con personas reales, vivas o muertas, eventos o lugares es pura coincidencia.

Primera edición: Noviembre/2024

Diseño de la portada de: John Carballar

Impreso en los Estados Unidos de América

I0432759

INTRODUCCIÓN

Imagina despertar en una celda oscura, junto a un extraño, sin saber por qué estás allí. Al abrir los ojos, te das cuenta de que te encuentras atrapado en una prisión vertical, El Hoyo, una estructura con cientos de niveles apilados uno sobre otro. En cada nivel, dos personas, y una plataforma con comida que baja desde lo más alto hasta lo más bajo, dejando a los de arriba con el privilegio de saciarse, mientras que los de abajo apenas reciben las migajas, si es que queda algo. La desesperación se apodera de todos. Los de arriba gozan de abundancia, los de abajo sufren la escasez. Y entre tanto caos, violencia y hambre, los que están más abajo se ven forzados a luchar contra el instinto humano más básico: sobrevivir.

Ahora, imagina que ese hoyo no es solo una prisión, sino una metáfora del mundo financiero, donde los *traders* estamos inmersos. A diario, luchamos en un sistema que parece diseñado para que solo unos pocos ganen mientras la mayoría pelea por lo que queda. Los de "arriba" —las grandes instituciones, los fondos de inversión, los *traders* con acceso a la mejor información— toman sus grandes porciones, dejando al resto de nosotros, los minoristas, a merced de lo que sobre. Y cuando el entorno se torna salvaje, muchos caen, agotados por el esfuerzo y la desesperación, preguntándose si alguna vez lograrán salir de este círculo vicioso.

Pero hay una parte crucial en El Hoyo, esta película española del 2019, que cambia toda la historia. Goreng, el protagonista, desciende más y más, hasta llegar a los niveles más bajos. Allí, en lo más profundo del abismo, al borde de lo que parece ser la desesperanza total, descubre algo inesperado: un mensaje. En la película, ese mensaje toma la forma de una niña, una señal de que hay algo puro y valioso en medio del caos, una prueba de que la esperanza existe, incluso en las circunstancias más oscuras.

Ese descenso hasta el fondo puede interpretarse como un viaje a lo más profundo de la conciencia, el punto en el que tocamos fondo, tanto en las finanzas como en nuestra vida emocional. Como operadores, hemos estado allí. Sabemos lo que es perderlo todo, sentir que hemos descendido al nivel más bajo, tanto en términos de pérdidas financieras como emocionales. Es allí, en ese punto, donde muchos se rinden. Pero es precisamente en ese lugar donde se encuentra el mensaje más importante.

Ese mensaje es que el camino hacia arriba no es solo una cuestión de técnica o estrategia, sino de conciencia. Es en lo más profundo de nosotros mismos donde descubrimos que las claves para sobrevivir y prosperar en el sector financiero no están únicamente en los gráficos o las herramientas externas, como los indicadores técnicos, sino en la fortaleza interior, en la capacidad de dominar nuestras emociones, en la paz mental para no dejarnos arrastrar por el pánico o la avaricia.

Al tocar fondo, entendí que este entorno es un reflejo de nuestra mente. Cuando estamos atrapados en el miedo, en la necesidad de controlar lo incontrolable, nos convertimos en prisioneros, como los que habitan los niveles más bajos del hoyo. Pero al encontrar ese "mensaje" en nuestro interior —la claridad, el control emocional, la conciencia de que somos más grandes que nuestras circunstancias—, comenzamos a transformar nuestra relación con el mundo financiero. Dejar de luchar contra él y empezar a fluir con él.

Este libro es precisamente ese mensaje. No es solo una guía para navegar el sector financiero, sino un manual para entender que, aunque parezca que estamos atrapados en un sistema injusto, tenemos el poder de liberarnos desde adentro. Porque, al igual que en El Hoyo, la verdadera batalla no está afuera, está en nuestra mente y en cómo enfrentamos nuestros miedos y deseos más profundos.

Mi objetivo es mostrarte que, aunque este entorno puede parecer una cárcel diseñada para hacernos caer, también es el terreno perfecto para descubrir lo que realmente somos capaces de lograr cuando encontramos ese mensaje en lo más profundo de nosotros mismos. Al final, no se trata solo de sobrevivir en el mundo financiero, se trata de aprender a vivir en paz con él y contigo mismo.

Prefacio

Este libro está dedicado especialmente a quienes ya están operando en los mercados, o bien a aquellos principiantes que están buscando respuestas. Pero si aún no has tomado la decisión de empezar a operar, te sugiero que lo pienses bien antes de entrar, y solo lo hagas si estás dispuesto a tomártelo de manera profesional. Este negocio es uno de los más difíciles del mundo, y no hay términos medios: o te arruinas por completo, o cambias definitivamente tu situación financiera.

Debes ser consciente del desafío monumental al que te vas a enfrentar si decides entrar al *trading*. No importa si eres principiante, tienes experiencia a nivel medio, o eres un experto: hay algo que puedo asegurarte desde ya... vas a perder dinero. Y si se trata de perder dinero, hay muchas otras maneras más divertidas de hacerlo.

El *trading* es casi como una enfermedad que no tiene cura; una vez que estás dentro, es difícil sacártelo de la cabeza. Y, al igual que una enfermedad incurable, lo menos que podemos hacer es aprender a vivir con ella. Dicho esto, quiero dejar claro que este no es un libro mágico que te garantizará el éxito ni te hará millonario de la noche a la mañana. Pero sí te enseñará a convivir con el *trading*, a integrarlo a tu vida diaria, y a convertirlo en una herramienta para crecer tanto en el mercado como en lo personal.

Si decides seguir adelante, bienvenido al viaje.

Índice

INTRODUCCIÓN.. 2

Capítulo I

El Espacio de Variantes y la Física Cuántica aplicado al *Trading*.............8

La superposición cuántica y el *Trading*...12

El potencial excesivo y su influencia..16

Estrategias para Evitar el potencial excesivo..19

El observador y el colapso de la realidad..21

El control mental y el colapso de variantes favorables.......................24

Capítulo II

Los péndulos en el *Trading*...28

Cómo los péndulos destructivos influyen en el *Trading*....................36

Cómo los grandes *Traders* enfrentan los Péndulos del mercado.....39

Cómo liberarse de los péndulos destructivos......................................41

Fluir con el Mercado: Hundiendo el péndulo..47

Soluciones fáciles para problemas difíciles..50

El Estado suspendido...53

Resumen...56

Capítulo III..58

La ola de la Fortuna..58

   Antípoda al péndulo: No hay péndulos constructivos.......................60

   El Bumerán: Lo que piensas, regresa a ti en el *trading*....................62

   Rituales de preparación: Alineándote con la Ola del Éxito en el *Trading* 68

      Resumen..72

Capítulo IV

   Mantén el equilibrio...73

   Descontento y autocrítica..77

   Dependencias Emocionales en el *Trading*......................................82

   Ilusiones y exceso de confianza..87

   Juicios y Arrogancia...92

   Comparaciones y mentalidad..98

   Sentimiento de culpa...106

   La relación con el dinero...111

   Objetivos reales vs. Objetivos impuestos...113

   La trampa de la perfección en el *Trading*......................................116

   Importancia interior...120

   Importancia exterior..121

      Importancia interior en el *Trading*....................................122

      Importancia Exterior en el *Trading*...................................122

Estrategias para manejar la importancia..124

De la lucha al equilibrio..126

Capítulo V

Transición inducida..131

Embudo del péndulo..135

Capítulo VI

Corriente de las variantes...141

Conectando con el campo de las variantes.....................................144

Suplicante, Resentido, y Guerrero..149

Una alternativa al Guerrero...153

¿Cómo leer las señales?..157

Déjalo ir...162

Capítulo I

El Espacio de Variantes y la Física Cuántica aplicado al *Trading*

En este primer capítulo, exploraremos el concepto del "espacio de variantes" y cómo se conecta con teorías de la física cuántica, aplicado al contexto del *trading*. Tocaré conceptos que, en principio, pueden parecer muy profundos, científicos e incluso filosóficos, pero los explicaré de una manera sencilla y práctica para que puedas tener el contexto necesario. Estos conceptos están basados en el libro de Transurfing de Vadim Zeland. A continuación, revisaremos y puliremos el contenido para darle más claridad y fluidez, ofreciéndote herramientas para comprender cómo puedes aplicar estos conceptos a tu vida como *trader* y alcanzar un estado de equilibrio y eficiencia en el entorno financiero.

Empecemos hablando del «espacio de variantes», uno de los conceptos clave del Transurfing de Vadim Zeland, que hasta el día de hoy es uno de mis libros favoritos. Este concepto es fascinante porque nos ofrece una perspectiva diferente de cómo funcionan las probabilidades y el destino. Es una idea muy similar a algunas teorías de la física cuántica que se están explorando en el ámbito científico. Imagina que todas las posibilidades existen, al mismo tiempo, en un campo infinito de variantes.

Cada decisión que tomamos nos lleva a una de esas probabilidades, pero el resto de las opciones no desaparecen, sino que permanecen en ese campo de variantes como posibilidades latentes. Es como la teoría de los "universos paralelos" o la "interpretación de muchos mundos" (multiverso) que propuso Hugh Everett en 1957. En esa teoría, hay múltiples realidades paralelas que resultan de diferentes decisiones o eventos. Lo que vivimos es solo una de esas infinitas probabilidades.

Para entenderlo mejor, pensemos en el famoso Experimento de la Doble Rendija, realizado por Thomas Young en 1801 y luego aplicado a la mecánica cuántica. Este experimento mostró que las partículas, como los electrones, pueden comportarse tanto como partículas, o, como ondas. Cuando no hay un observador, las partículas pasan por ambas rendijas y generan patrones de interferencia, lo cual sugiere que están existiendo en múltiples estados a la vez.

Pero si las notamos, esas partículas colapsan en un único estado, lo que indica que nuestra observación influye directamente en el resultado. Así funciona también el espacio de variantes: todas las posibilidades están ahí, pero lo que experimentamos depende de nuestra atención y energía emocional. Aquello en lo que enfocamos nuestra energía es lo que colapsa y se manifiesta en nuestra realidad.

La idea central aquí es que nuestra realidad no está predeterminada ni es fija, sino que se encuentra en un estado constante de potencialidad, a la espera de que la observemos y la elijamos. En el contexto del Transurfing, se nos enseña a dirigir nuestra energía de manera consciente para manifestar la realidad que deseamos experimentar, y esto se logra manteniendo la calma y evitando el desgaste emocional en situaciones que nos alteran. La clave está en aprender a elegir, y no simplemente a reaccionar ante las circunstancias.

Seguramente te estás preguntando: ¿qué tiene que ver esto con el *trading*? Pues, cada operación que hacemos es como ese experimento de la doble rendija. Si mantenemos la calma y el desapego emocional, existen múltiples resultados posibles para cada operación. Pero si nos enfocamos demasiado en un resultado específico, sobre todo si nuestras emociones están influenciadas por el miedo o las expectativas, lo que estamos haciendo es colapsar esa realidad de manera negativa.

Nuestras emociones, especialmente las negativas como el miedo, la ansiedad o la codicia, actúan como el observador que interfiere, haciendo que el resultado termine siendo desfavorable. En cambio, cuando operamos desde un estado de calma y estabilidad, sin apegarnos al resultado, permitimos que se manifieste la mejor variante posible, porque estamos alineados con el flujo natural del sistema financiero.

El entorno financiero, con su naturaleza caótica e impredecible, se comporta como un sistema cuántico lleno de probabilidades. Cada movimiento dentro de este ámbito puede ser visto como una nueva bifurcación en el espacio de variantes, creando diferentes trayectorias posibles. En este sentido, nuestra actitud y nuestras emociones son como el observador que decide cuál de esas variantes se manifestará.

Si nos enfrentamos con miedo cuando los precios caen, podríamos eliminar la posibilidad de un resultado desfavorable al cerrar posiciones de forma precipitada. Si nos dejamos llevar por la codicia, podríamos ignorar señales importantes y terminar perdiendo. Pero si logramos mantener un estado de equilibrio y claridad mental, sin dejarnos arrastrar por los impulsos, podemos escoger la mejor variante disponible.

Este concepto también nos invita a reflexionar sobre el poder de la intención en el *trading*. Cuando entramos a operar con una intención clara y nos mantenemos enfocados en ella, sin permitir que las emociones negativas nublen nuestro juicio, estamos en realidad alineándonos con la variante que queremos manifestar. La intención es como una brújula que nos guía a través del espacio de variantes, y cuando esa intención es firme y está libre de cargas emocionales, es más probable que alcancemos el resultado que deseamos. Por otro lado, esto no significa que podemos controlar el entorno financiero; significa que podemos controlar cómo respondemos a él, y de esa manera, influir en la variante que se manifiesta para nosotros.

En última instancia, el Transurfing y el concepto del espacio de variantes nos enseñan que tenemos más poder del que creemos sobre nuestra realidad. No se trata de luchar contra las condiciones del entorno o tratar de predecirlas, sino de aprender a fluir con ellas, a elegir conscientemente nuestras reacciones y a mantener una intención clara y desapegada. Al hacerlo, nos convertimos en observadores conscientes que tienen la capacidad de elegir la mejor variante posible en cada situación, tanto en el *trading* como en la vida.

El Crash de 1929 fue uno de los eventos financieros más devastadores de la historia. Todo comenzó con una enorme euforia en el ámbito bursátil, donde la gente tomaba préstamos para invertir y las acciones subían sin control. En octubre del mismo año, la burbuja comenzó a desinflarse. El miedo se apoderó de los inversores, y esto desató una ola masiva de ventas que hundió el sistema financiero. En pocos días, el valor de las acciones se desplomó, causando un colapso total en la confianza financiera. Fue un momento donde la euforia se convirtió rápidamente en pánico, y millones de personas vieron cómo sus inversiones se desvanecían de la noche a la mañana.

Bancos cerraron, empresas quebraron y el desempleo se disparó drásticamente. Este ciclo muestra cómo el miedo colectivo puede generar un efecto dominó: todos vendían por temor a que los precios siguieran cayendo, y esa venta masiva, alimentada por el pánico, amplificó la caída y llevó a una espiral de destrucción financiera. La falta de confianza se extendió rápidamente, haciendo que incluso los sectores más sólidos sucumbieran a la presión. La situación fue empeorando, y cada vez más personas y empresas se vieron arrastradas por este colapso generalizado.

Este evento no solo arruinó la economía estadounidense, sino que también impactó a nivel global, dando inicio a la Gran Depresión, una década marcada por la pobreza y el desempleo masivo. Desde la perspectiva de Transurfing, fue un ejemplo de cómo la energía del pánico colectivo atrajo la peor realidad posible, convirtiendo una corrección en el ámbito financiero en una crisis de proporciones históricas.

Más recientemente, podemos observar el impacto del miedo colectivo durante la caída de los activos financieros en marzo de 2020 debido a la pandemia de COVID-19. La incertidumbre y los efectos del virus en la economía global provocaron una liquidación masiva de activos. En cuestión de semanas, los principales índices bursátiles sufrieron caídas históricas, y la volatilidad alcanzó niveles nunca antes vistos. Desde la perspectiva del Transurfing, la energía colectiva del miedo y la incertidumbre colapsó la realidad hacia un escenario negativo. A pesar de ello, también pudimos ver cómo, con el tiempo, el entorno financiero comenzó a recuperarse a medida que la confianza se restablecía, demostrando cómo el cambio de energía emocional puede alterar el curso de los acontecimientos.

Otro ejemplo reciente es el colapso de las criptomonedas a finales de 2021 y principios de 2022. Tras un período de gran euforia y crecimiento exponencial, el miedo a las regulaciones, la subida de tasas de interés y otros factores macroeconómicos desencadenaron una venta masiva en el mundo de las criptomonedas. Los precios de activos como Bitcoin y Ethereum cayeron drásticamente, y muchos inversores novatos se dejaron llevar por el pánico colectivo, vendiendo en el peor momento posible. Este es otro ejemplo de cómo la energía colectiva, en este caso el miedo y la incertidumbre, puede influir en el comportamiento financiero y llevar a colapsar una variante negativa.

La superposición cuántica y el *Trading*

El principio de superposición en la física cuántica dice que una partícula puede estar en varios estados a la vez, hasta que alguien la observa y "colapsa" en uno solo. Erwin Schrödinger ilustró este concepto con su experimento mental del gato de Schrödinger: un gato dentro de una caja puede estar vivo y muerto a la vez hasta que se abra la caja y se observe su estado. Este concepto aparentemente abstracto tiene implicaciones directas en muchas áreas de nuestra vida, incluyendo el *trading*, donde cada decisión que tomamos puede entenderse como una superposición de resultados posibles.

El Arte del Trading Cuántico ∞ John Carballar

En el *trading*, cada decisión que tomamos funciona de manera similar a la superposición cuántica: mientras no sabemos el resultado de una operación, esta se mantiene en un estado de posibilidad dual, siendo tanto un éxito como un fracaso potencial. Es decir, mientras la operación sigue abierta y el resultado aún no se ha manifestado, existe una superposición de probabilidades hasta que tomamos la decisión de cerrarla. Cómo interactuemos con esa posibilidad, nuestras emociones y nuestra mentalidad, determinarán cuál de esos estados se materializa y qué tipo de realidad colapsaremos.

Si operamos desde un estado de equilibrio, con una mentalidad clara y desapegada, contribuimos a colapsar la variante más favorable. Si, por el contrario, dejamos que el miedo o la avaricia influyan en nuestras decisiones, colapsamos una variante menos deseable, a menudo en detrimento de nuestros intereses financieros. Esta metáfora de la superposición cuántica y el colapso de posibilidades nos invita a reflexionar sobre el papel que juegan nuestras emociones y cómo estas afectan directamente los resultados que obtenemos en el entorno financiero.

Operar con desapego emocional es esencial para mantenernos en el camino hacia el éxito. Richard Dennis, el legendario *trader*, enseñó a los "Turtle *Traders*" que para tener éxito era fundamental mantener el desapego y seguir un plan, sin dejarse llevar por las emociones. Los Turtle *Traders* eran un grupo de personas que, bajo la guía de Dennis, aprendieron a aplicar un sistema de *trading* basado en reglas claras y disciplina rigurosa.

Muchos de ellos no tenían experiencia previa en el ámbito financiero, pero lograron resultados impresionantes siguiendo este enfoque estructurado. Dennis les enseñó que el secreto del éxito en el *trading* no residía en predecir con precisión cada movimiento del sistema financiero, sino en seguir el plan con rigor, disciplina y sin dejarse afectar por las emociones del momento.

Este enfoque disciplinado les permitió operar de manera efectiva incluso en situaciones de alta volatilidad, mostrando que el desapego emocional y la disciplina son esenciales para colapsar variantes favorables. La volatilidad en los precios, que puede desencadenar reacciones emocionales intensas como el miedo o la codicia, se convierte en una prueba constante para los operadores. Aquellos que logran mantener la calma y operar desde un estado mental claro y disciplinado pueden aprovechar las oportunidades que se presentan durante estos momentos de caos, mientras que aquellos que actúan basándose en impulsos emocionales a menudo terminan tomando decisiones perjudiciales.

Podemos aprender de eventos más recientes, como la volatilidad en el entorno financiero durante 2022, cuando la inflación y la política monetaria global comenzaron a afectar los precios de los activos. En ese momento, los mercados se vieron sacudidos por el temor a las subidas de las tasas de interés y el impacto en la economía global, lo que llevó a una caída significativa de los índices bursátiles.

Este contexto de incertidumbre y miedo llevó a muchos inversores a tomar decisiones apresuradas, vendiendo sus activos en pánico y asumiendo pérdidas considerables. No obstante, aquellos inversores que lograron mantenerse firmes, evitar decisiones precipitadas y conservar una mentalidad de largo plazo encontraron oportunidades valiosas para entrar en el mercado a precios más bajos, una vez que la situación comenzó a estabilizarse.

Este ejemplo demuestra que la calma y la paciencia nos permiten ver oportunidades cuando todos los demás están atrapados en el pánico. Al igual que los físicos cuánticos hablan de la superposición de estados, los operadores deben adquirir habilidades para examinar todas las probabilidades sin permitir que el temor colectivo nos conduzca a colapsar la variante negativa. Para un *trader*, el equilibrio emocional es tan importante como la habilidad técnica; la capacidad de mantener la calma y de adherirse a un plan bien definido es lo que marca la diferencia entre el éxito y el fracaso.

El Arte del Trading Cuántico ∞ John Carballar

La superposición también nos enseña que las posibilidades están abiertas hasta el último momento. Eso significa que cada operación tiene la capacidad de ser exitosa o fallida, y nuestro papel como operadores es el de observar sin interferir negativamente con emociones como el miedo o la ansiedad. Mantener un estado mental de neutralidad, sin expectativas ni apegos, permite que el sistema financiero se mueva de acuerdo con sus propias dinámicas, y nosotros podamos actuar con objetividad. Cuando un *trader* observa los movimientos financieros de manera desapegada, puede responder en lugar de reaccionar, y esto es crucial para colapsar la variante más favorable.

Otro aspecto importante a considerar es cómo la superposición puede aplicarse a la planificación de nuestras estrategias de *trading*. Cada estrategia que desarrollamos tiene múltiples resultados potenciales. La forma en que la aplicamos, las decisiones que tomamos y nuestra capacidad para seguir el plan determinarán cuál de esos resultados se manifestará. De manera similar a cómo la observación colapsa un estado cuántico, nuestras acciones y nuestras decisiones como inversores determinan el resultado de nuestra estrategia. Por eso, la claridad mental y la confianza en nuestra estrategia son fundamentales para manifestar los mejores resultados posibles.

Una lección clave del principio de superposición en el *trading* es que debemos estar abiertos a todas las probabilidades sin aferrarnos a un único resultado esperado. La realidad financiera está en constante cambio, y lo que puede parecer una pérdida en un momento dado puede convertirse en una oportunidad más adelante. Aquellos operadores que logran adoptar una visión amplia y desapegada, sin quedar atrapados en expectativas específicas, son los que tienen mayores probabilidades de éxito a largo plazo. Esto no significa que no debamos tener objetivos claros, sino que debemos ser flexibles y adaptativos frente a la naturaleza incierta y cambiante del sistema financiero.

Además, es importante destacar que, al igual que en la física cuántica, la energía que aportamos a nuestras decisiones afecta el resultado. Si operamos con una mentalidad de miedo o escasez, es probable que terminemos colapsando una variante desfavorable. Por el contrario, si operamos con confianza, siguiendo un plan bien estructurado y con una visión clara de nuestros objetivos, estamos aportando una energía positiva que aumenta nuestras probabilidades de éxito. El *trading* es un reflejo de nuestro estado interno, y la calidad de nuestras decisiones está directamente relacionada con nuestra capacidad de mantenernos en equilibrio.

El principio de superposición nos ofrece una poderosa metáfora para entender cómo nuestras emociones y decisiones afectan nuestras operaciones en el entorno financiero. La clave para los inversores es aprender a mantener un estado de estabilidad emocional, observar todas las posibilidades sin colapsar variantes negativas impulsadas por el miedo o la avaricia, y actuar con disciplina y desapego.

Solo de esta manera podemos colapsar la variante más favorable y alcanzar el éxito en el *trading*. La capacidad de observar los movimientos financieros de manera objetiva, sin interferencias emocionales, nos permite actuar con claridad y aprovechar las oportunidades que se presentan, incluso en medio del caos. La superposición y el *trading* están profundamente conectados, y comprender esta conexión nos da una ventaja significativa en nuestra trayectoria como operadores.

El potencial excesivo y su influencia

Vadim Zeland nos habla del concepto de "potencial excesivo" en el Transurfing. Este ocurre cuando le damos demasiada importancia a algo, creando un desbalance energético que atrae fuerzas equilibrantes que a menudo actúan en nuestra contra. El potencial excesivo se manifiesta cuando nos obsesionamos con un resultado específico o intentamos forzar el sistema financiero para que vaya en la dirección que deseamos. Esto genera una tensión interna que nos impide tomar decisiones objetivas y, en consecuencia, nos lleva a resultados desfavorables.

El potencial excesivo surge de una mentalidad de apego, cuando atribuimos demasiada relevancia a un solo evento o resultado. En lugar de permitir que el entorno financiero fluya y reaccionar con serenidad, intentamos ejercer un control desmedido, lo que genera un exceso de energía enfocada en un solo punto. Este exceso atrae lo que Zeland llama "fuerzas equilibrantes", cuya función es restaurar el equilibrio, a menudo de una manera que resulta perjudicial para nosotros. Cuanto mayor es el nivel de importancia que atribuimos a un resultado, mayor es la energía que generamos, y con ello aumentamos la probabilidad de desencadenar efectos adversos.

Un ejemplo famoso de potencial excesivo es el caso de Nick Leeson, el *trader* que llevó al colapso al Barings Bank en los años 90. Leeson tomó enormes riesgos, convencido de que podía manipular el sistema financiero a su favor y recuperarse de las pérdidas iniciales. Su obsesión por ganar y evitar el fracaso creó un gran potencial excesivo, y las fuerzas equilibrantes eventualmente lo alcanzaron, causando el colapso del banco. Este caso demuestra que el enfoque obsesivo y la incapacidad de aceptar pérdidas pueden ser extremadamente perjudiciales, incluso en el mundo financiero. Leeson no solo perdió dinero, sino que perdió el control sobre sus propias decisiones, permitiendo que el potencial excesivo dominara cada una de sus acciones.

Algo similar ocurrió durante el auge de las criptomonedas en 2017. Muchas personas, motivadas por el miedo a quedarse fuera (el famoso «FOMO»), se obsesionaron con la idea de obtener ganancias rápidas. Este deseo colectivo generó un enorme potencial excesivo. La gran mayoría de los inversores novatos se lanzaron al mercado sin una comprensión adecuada de los riesgos involucrados, llevados únicamente por la promesa de retornos rápidos y espectaculares.

Cuando finalmente los precios se corrigieron, los que más perdieron fueron aquellos que se aferraron al resultado sin considerar la posibilidad de una corrección significativa. Esta corrección fue la manifestación de las fuerzas equilibrantes que restauraron el equilibrio, y el potencial excesivo creó un desbalance que inevitablemente se corrigió, generalmente de una manera desfavorable para quienes estaban más apegados al resultado.

Podemos ver otro ejemplo del potencial excesivo en el colapso de Archegos Capital Management en 2021. El fundador, Bill Hwang, tomó posiciones extremadamente apalancadas, apostando fuertemente a ciertos valores y creyendo que su estrategia solo podía dar como resultado el éxito. Esta creencia y el exceso de confianza generaron un potencial excesivo considerable.

Cuando el sistema financiero no respondió como él esperaba, las fuerzas equilibrantes entraron en juego, provocando pérdidas gigantescas que llevaron al colapso de Archegos y generaron un efecto dominó que afectó a varios grandes bancos. Este evento nos recuerda que incluso los inversores experimentados pueden caer en la trampa del potencial excesivo si no logran mantener una mentalidad equilibrada y desapegada.

La lección que podemos extraer del concepto de potencial excesivo es que en el *trading* es fundamental mantener una mentalidad de equilibrio. No debemos poner demasiado énfasis en una sola operación o resultado, ni atribuirle más importancia de la necesaria. Es esencial recordar que el entorno financiero es impredecible, y la mejor manera de navegarlo es con una actitud flexible y desapegada. La importancia de la flexibilidad radica en nuestra capacidad para adaptarnos a lo inesperado, sin crear resistencia ni obsesión, lo cual nos permite fluir con los movimientos financieros en lugar de luchar contra ellos.

El potencial excesivo también se puede manifestar cuando intentamos desesperadamente evitar las pérdidas. Esta obsesión por no perder, o el miedo al fracaso, genera una gran tensión interna y atrae fuerzas equilibrantes que pueden llevarnos precisamente al resultado que queremos evitar. Para evitar este desbalance, es importante aceptar que las pérdidas son parte del *trading* y que no podemos controlarlo todo. La verdadera habilidad está en saber gestionar esas pérdidas de manera racional, sin permitir que afecten nuestra mentalidad. Al aceptar que no siempre ganaremos, reducimos el nivel de tensión y evitamos la creación de potencial excesivo que podría actuar en nuestra contra.

Otra manifestación común del potencial excesivo ocurre cuando nos fijamos metas financieras específicas y nos aferramos a ellas con intensidad. Si bien tener metas es importante, obsesionarse con alcanzarlas a toda costa puede generar una presión interna que nos lleva a tomar decisiones impulsivas y arriesgadas.

Un *trader* puede sentirse obligado a cumplir con un objetivo de ganancias diarias, y cuando los precios no se comportan como espera, intentará forzar operaciones para alcanzar dicho objetivo. Esta actitud genera un potencial excesivo que, a menudo, ocasiona pérdidas. Es fundamental establecer metas flexibles y comprender que el camino hacia el éxito financiero no siempre es lineal.

Por otro lado, los operadores exitosos son aquellos que saben cómo equilibrar sus emociones y no se dejan llevar por la obsesión de ganar o el miedo a perder. Mantener una mentalidad de desapego, aceptar los resultados sin resistencia y actuar de acuerdo a un plan bien estructurado, permite operar de manera efectiva sin generar un potencial excesivo.

La disciplina y la paciencia son claves para evitar el apego excesivo y mantener la claridad mental necesaria para tomar decisiones objetivas. Al disminuir la tensión interna y evitar el apego emocional, se disminuye la probabilidad de que las fuerzas equilibrantes actúen en nuestra contra.

Estrategias para Evitar el potencial excesivo

Un ejemplo positivo de cómo evitar el potencial excesivo es el enfoque de los operadores que siguen estrategias de inversión sistemáticas, como el *trading* algorítmico o cuantitativo. Estos inversores desarrollan reglas específicas para entrar y salir de posiciones y se adhieren estrictamente a ellas, sin involucrar emociones en el proceso. Al confiar en un sistema predefinido, reducen la probabilidad de crear potencial excesivo y, por lo tanto, evitan atraer fuerzas equilibrantes desfavorables. Este enfoque les permite operar con una mentalidad más objetiva y menos reactiva, lo cual es esencial para el éxito a largo plazo.

Otra estrategia para evitar el potencial excesivo es practicar la gestión del riesgo de manera efectiva. Utilizar herramientas como el *stop loss* y gestionar el tamaño de las posiciones ayuda a limitar las pérdidas y a mantener un nivel de exposición razonable al mercado. Al tener un plan claro de gestión del riesgo, los *traders* pueden operar con mayor confianza y sin el temor constante a perder grandes sumas de dinero. Esto reduce la tensión interna y evita que se genere un potencial excesivo que pueda desestabilizar sus decisiones.

La práctica de la atención plena (mindfulness) también puede ser útil para evitar el potencial excesivo. Al desarrollar una mayor conciencia de nuestros pensamientos y emociones, podemos detectar cuándo estamos comenzando a obsesionarnos con un resultado o cuando estamos generando demasiada importancia en torno a una operación. Esta consciencia nos permite dar un paso atrás, reevaluar nuestra situación y ajustar nuestro enfoque antes de que el potencial excesivo se convierta en un problema.

El concepto de potencial excesivo nos enseña que el apego y la obsesión por un resultado pueden ser nuestros peores enemigos en el *trading*. Aprender a soltar, a aceptar lo que sucede y a operar sin tensiones innecesarias, nos ayuda a mantenernos en equilibrio y aumenta nuestras probabilidades de éxito en el mercado.

En lugar de generar un exceso de energía en torno a nuestras operaciones, debemos aprender a fluir con el mercado, observando y respondiendo de manera serena, lo cual nos permite colapsar las variantes más favorables sin atraer fuerzas equilibrantes en nuestra contra. Mantener una actitud de desapego, establecer metas flexibles y practicar una buena gestión del riesgo son herramientas fundamentales para reducir el potencial excesivo y operar de manera más efectiva y equilibrada.

El observador y el colapso de la realidad

En la mecánica cuántica, el papel del observador es crucial para entender cómo se manifiesta la realidad. El experimento de la Doble Rendija reveló que las partículas cuánticas existen en un estado de superposición hasta que un observador interviene, momento en el cual colapsan en una única realidad. Este fenómeno, conocido como el colapso de la función de onda, es una clara demostración de que la realidad no es fija ni absoluta, sino que depende de la observación consciente. Este concepto es fundamental en el Transurfing y tiene profundas implicaciones en el *trading*.

Cada *trader* es un observador cuántico en el entorno financiero. Nuestras emociones, pensamientos y expectativas actúan como el "observador" que determina cuál de las muchas variantes posibles se manifestará en una operación. Si un inversor opera desde un lugar de calma y desapego, es más probable que colapse variantes favorables. Sin embargo, si un inversor está atrapado en el miedo, la ansiedad o el deseo de controlar los movimientos financieros, estas emociones se reflejan en los resultados de sus operaciones, colapsando variantes menos deseables.

El acto de observar no es neutro; nuestras expectativas influyen directamente en la realidad que experimentamos. Esto implica que el estado mental del inversor es crucial para determinar los resultados que obtendrá, y trabajar en mantener la claridad emocional se convierte en una prioridad clave.

Cuando los operadores actúan desde un lugar de calma y objetividad, están esencialmente sintonizando con la mejor versión posible de los eventos del entorno financiero. La actitud mental con la que se observan las oportunidades marca la diferencia entre generar resultados positivos o verse atrapado en ciclos de pérdidas. La habilidad de mantener un estado mental equilibrado y consciente permite que los inversores sean capaces de navegar en situaciones complejas sin sucumbir a la presión, lo que finalmente determina si una variante favorable se colapsa o no.

Uno de los operadores más famosos de la historia, Jesse Livermore, quien operaba en la Bolsa de Valores de Nueva York a principios del siglo XX, entendía perfectamente el papel del observador en el *trading*. Livermore sabía que el entorno financiero estaba lleno de posibilidades y que su éxito dependía de su capacidad para observar sin apegarse a los resultados inmediatos.

Durante el pánico financiero de 1907, Livermore observó el sistema desde un lugar de calma, mientras muchos otros inversores colapsaban sus variantes en pérdidas debido al pánico. Al mantener una mente clara y observar con paciencia, Livermore pudo aprovechar la caída y generar una de sus mayores fortunas. Este es un ejemplo perfecto de cómo el control emocional y la capacidad de observar sin reaccionar automáticamente pueden llevar a resultados extraordinarios.

Jesse Livermore no solo mostró cómo la calma podía conducir al éxito, sino también cómo el apego emocional puede ser el peor enemigo del *trader*. En varios momentos de su vida, Livermore experimentó altibajos que lo llevaron de la riqueza a la bancarrota. Estos episodios también ilustran cómo el papel del observador puede ser tanto una fuente de éxito como de fracaso, dependiendo del estado mental. Cuando se dejaba llevar por las emociones, colapsaba variantes desfavorables, lo que lo llevó a grandes pérdidas. Esto resalta la importancia de cultivar una mentalidad constante de desapego para evitar que las emociones negativas influyan en el proceso de observación.

Otro *trader* destacado que comprendió el papel del observador fue Paul Tudor Jones, quien se hizo conocido por predecir y beneficiarse del colapso del entorno financiero en 1987, conocido como "Black Monday". Jones observó indicios tempranos de una corrección y actuó con un plan disciplinado, mientras la mayoría de los participantes se dejaban llevar por el pánico. Al observar desde una perspectiva tranquila y desapegada, Jones pudo tomar decisiones que le permitieron proteger su capital y obtener ganancias significativas en un momento en que otros operadores sufrían grandes pérdidas. Este ejemplo subraya cómo una observación consciente y desapegada puede llevar al éxito incluso en las peores circunstancias.

El colapso de la realidad en el *trading* también se ve reflejado en el comportamiento de las masas. Cuando grandes grupos de inversores se dejan llevar por emociones colectivas, como el pánico o la euforia, tienden a colapsar variantes que reflejan esas emociones. Esto es evidente en los booms y busts del ámbito financiero, o mejor conocidos actualmente en el mundo de las criptomonedas como pumps and dumps, donde el comportamiento del observador colectivo afecta la dirección de los precios.

Un ejemplo reciente es la crisis financiera de 2008, donde el miedo colectivo de los inversores colapsó variantes de pérdidas masivas en todo el sistema global. Los operadores que supieron observar desde la distancia y no se dejaron llevar por el pánico pudieron identificar oportunidades valiosas durante la recuperación. Mantener la calma y observar sin entrar en la espiral de emociones colectivas es una habilidad que puede hacer toda la diferencia entre el éxito y el fracaso.

El comportamiento de las masas es particularmente interesante cuando se observa el papel de las redes sociales en la formación de tendencias en el entorno financiero. En los últimos años, hemos visto cómo comunidades en plataformas como Reddit y Twitter (actualmente llamada X) pueden afectar los precios a través de una observación colectiva enfocada, como fue el caso del "short squeeze" de GameStop en 2021.

La acción coordinada de millones de pequeños inversores colapsó una variante inesperada, creando un aumento espectacular en el precio de las acciones de GameStop. Este evento demuestra cómo el poder de la observación colectiva, motivada por un sentimiento en común, puede cambiar la realidad financiera de una manera drástica. Por otro lado, también muestra cómo la euforia colectiva puede dar como resultado pérdidas para aquellos que se suman al movimiento sin un plan sólido, lo que finalmente colapsa variantes desfavorables para muchos.

El control mental y el colapso de variantes favorables

Este concepto también está respaldado por varios autores, como Brian Tracy, quien enfatiza la importancia del control mental y emocional en la toma de decisiones. Tracy afirma que el éxito en cualquier campo depende en gran medida de nuestra capacidad para observar los hechos sin ser arrastrados por emociones negativas.

Cuanto más control tengamos sobre nuestras emociones, más favorables serán las variantes que atraemos en nuestra vida. Esto significa que debemos trabajar constantemente en nuestro estado interno, cultivando una mentalidad que esté alineada con el balance mental y el desapego, lo cual nos permitirá colapsar variantes que estén a nuestro favor.

Para un *trader*, ser un buen observador implica algo más que simplemente analizar gráficos o seguir indicadores técnicos. Significa cultivar una actitud de calma y desapego frente a los resultados. Los operadores exitosos no permiten que el miedo o la codicia influyan en sus decisiones.

En cambio, mantienen una mente clara y observan los hechos tal como son, sin proyectar en ellos sus propias expectativas o temores. Este tipo de observación consciente es lo que permite colapsar variantes favorables y alcanzar el éxito sostenido en el contexto económico.

La clave está en desarrollar la habilidad de ser un observador consciente. Cuanto más conscientes somos de nuestros pensamientos y emociones, más podemos influir en la realidad que estamos creando. Esto significa aprender a observar el contexto económico y nuestras propias reacciones, sin permitir que nuestras emociones nublen nuestro juicio.

Al hacerlo, nos convertimos en verdaderos maestros de nuestra realidad económica, capaces de elegir conscientemente las mejores variantes posibles. Este nivel de conciencia también nos permite identificar patrones de comportamiento que pueden estar afectando nuestras decisiones de manera negativa y hacer los ajustes necesarios para mejorar nuestra operativa.

Una herramienta práctica para desarrollar la observación consciente es la meditación. La meditación ayuda a calmar la mente y a crear un espacio entre nuestras emociones y nuestras decisiones, lo cual es fundamental en el *trading*. Al meditar regularmente, los operadores pueden aprender a mantener una mente despejada y desapegada, lo que les permite observar el contexto económico sin reaccionar impulsivamente. Esto contribuye a colapsar variantes más favorables, ya que las decisiones tomadas desde un estado de calma son mucho más efectivas que aquellas motivadas por el miedo o la codicia.

Otra estrategia importante es la visualización. Visualizar el éxito y los resultados deseados puede ayudar a los inversores a enfocar su observación en variantes favorables. Al visualizar un resultado positivo con detalles específicos, el *trader* está esencialmente entrenando su mente para sintonizar con esas variantes y atraerlas hacia la realidad. La visualización, combinada con una acción disciplinada, puede ser una herramienta poderosa para influir en los resultados y colapsar variantes beneficiosas.

El papel del observador en el *trading* es esencial para determinar los resultados que obtenemos. Mantener una actitud consciente, serena y desapegada nos permite influir de manera positiva en las variantes que colapsamos en el contexto económico. El control emocional, el desapego y el cultivo de una mentalidad consciente son herramientas fundamentales para garantizar que nuestras observaciones se alineen con los mejores resultados posibles.

Ya sea a través de la meditación, la visualización o las afirmaciones, desarrollar una capacidad de observación consciente nos convierte en verdaderos arquitectos de nuestra realidad económica. En el contexto económico, como en la vida, la manera en que observamos determina lo que experimentamos. Ser un observador consciente, con la habilidad de mantenerse desapegado de las emociones negativas y enfocado en las oportunidades, es la clave para alcanzar el éxito sostenido operando en la plaza financiera.

El concepto del espacio de variantes de Transurfing nos invita a reflexionar sobre la naturaleza flexible de la realidad y sobre el papel activo que desempeñamos en la creación de nuestras experiencias, tanto en la vida como en el *trading*.

Como hemos visto, los ámbitos económicos no son una entidad estática; están en constante cambio, y nuestras decisiones, emociones y expectativas determinan qué versión de la realidad experimentamos. Cada operación que abrimos, cada análisis que realizamos, es una elección que nos conecta con una variante específica del futuro.

El *trading*, como la mecánica cuántica, nos enfrenta a un mar infinito de posibilidades, donde el resultado final depende tanto de nuestras decisiones conscientes como de nuestra vibración interna. Lo que nos enseña Transurfing es que no necesitamos forzar el contexto económico o crear oportunidades desde cero; en cambio, debemos aprender a sintonizarnos con las variantes correctas, aquellas que ya existen y que están alineadas con nuestro estado interno.

Para los operadores, este es un mensaje poderoso, ya que les recuerda que su éxito no depende únicamente de sus conocimientos técnicos, sino de su capacidad para gestionar sus emociones y operar desde un lugar de equilibrio y desapego.

Además, debemos recordar que, al igual que el universo cuántico está lleno de variantes, el contexto económico también está lleno de oportunidades. No necesitamos obsesionarnos con una única operación o con un solo resultado. Las variantes están siempre presentes, y nuestra tarea es mantenernos en un estado mental que nos permita acceder a aquellas que nos favorezcan.

El desapego no es indiferencia, sino la habilidad de actuar desde una posición de claridad, sin el peso de las expectativas que nos nublan la visión. Este enfoque nos ayudará no solo a tener éxito, sino también a disfrutar del proceso, a aprender de cada experiencia, y a crecer tanto personal como profesionalmente.

En este punto, quiero aclarar que, aunque estos conceptos puedan parecer esotéricos, en realidad están profundamente conectados con principios científicos. Mi objetivo es ofrecerte una perspectiva diferente, que puede ayudarte a entender mejor la vida y el universo, así como a aplicar este conocimiento de forma práctica en el *trading*.

Capítulo II

Los péndulos en el *Trading*

Desde que empezamos a aprender sobre los ámbitos económicos, nos inculcan la idea de seguir las opiniones de los "expertos", de obedecer las señales de las instituciones, de escuchar las noticias y de actuar según la corriente predominante. Esta mentalidad nos convierte en seguidores de los péndulos del mercado, como las tendencias, los análisis de expertos y los sentimientos colectivos de miedo o euforia. Sin darnos cuenta, caemos bajo la influencia de estas fuerzas que condicionan nuestras decisiones y nos atan a sus dinámicas energéticas.

En el mundo del *trading*, los péndulos son fuerzas colectivas que se crean cuando un gran número de operadores e inversores orientan sus pensamientos y emociones en la misma dirección. Estas fuerzas pueden tener un impacto significativo en el comportamiento del entorno económico, y muchas veces ni siquiera nos damos cuenta de cómo influyen en nuestras decisiones. Al igual que en nuestra vida diaria, estas energías actúan de forma independiente, sometiendo a los operadores a sus propias reglas. Entonces, ¿cómo podemos darnos cuenta de esta manipulación y evitar caer en sus trampas?

Vadim Zeland, el creador del concepto de los péndulos en el Transurfing, explica que estas estructuras se alimentan de nuestra energía mental y emocional. En el contexto económico, un péndulo se forma cuando muchos participantes se alinean emocionalmente, creando una fuerza que influye en las decisiones de todos los involucrados. De este modo, los patrones emocionales pueden llevarnos a actuar de manera impulsiva y poco consciente, perjudicando nuestros intereses.

En el *trading*, estas energías destructivas se manifiestan en emociones colectivas como el pánico durante una caída, que lleva a una venta masiva, o la avaricia descontrolada durante una burbuja especulativa, cuando muchos invierten sin reflexión crítica ni fundamento. Estos péndulos se alimentan de nuestras emociones desbordadas y de nuestro deseo de pertenecer a la corriente, manteniéndonos atrapados y alejándonos de la objetividad que necesitamos para operar con éxito.

Los patrones emocionales se alimentan del comportamiento de masas. Cuando muchos operadores siguen una tendencia alcista sin cuestionarla, creyendo que los precios continuarán subiendo para siempre, se crea un movimiento colectivo que amplifica esa tendencia. No obstante, cuando este péndulo pierde fuerza, el colapso puede ser devastador para quienes lo siguen sin un análisis crítico. Por ejemplo, durante la burbuja de las puntocoms a finales de los 90, el péndulo de la euforia tecnológica llevó a muchos inversores a tomar decisiones irracionales, solo para ver cómo sus activos perdían valor masivamente cuando la burbuja estalló.

Otra manifestación de los patrones emocionales destructivos ocurre cuando los inversores se dejan influenciar por la presión social y el miedo a quedarse fuera, conocido como FOMO (Fear Of Missing Out). Este miedo puede llevar a decisiones apresuradas y mal fundamentadas, que a menudo dan como resultado pérdidas significativas. Friedrich Nietzsche habló sobre la importancia de evitar ser parte del rebaño y pensar de manera independiente, y este consejo es especialmente relevante en el mundo del *trading*, donde los péndulos intentan constantemente arrastrar a los operadores hacia decisiones colectivas que no siempre son las mejores.

Carl Jung también señaló que el inconsciente colectivo tiende a crear dinámicas de grupo que pueden llevar a comportamientos autodestructivos si no se les presta atención. Esto se manifiesta cuando los operadores caen en ciclos de comportamiento impulsivo y reacciones automáticas a las noticias, sin detenerse a pensar si estas acciones están alineadas con sus metas personales. Esta es una de las razones por las que muchos inversores fracasan: actúan bajo la influencia de estas energías, sin darse cuenta de que sus decisiones están siendo manipuladas por la energía colectiva.

La física cuántica, con su concepto de entrelazamiento, nos da un buen paralelo. El entrelazamiento cuántico sugiere que dos partículas pueden estar conectadas de tal manera que el estado de una afecta instantáneamente al estado de la otra, sin importar la distancia. De manera similar, los pensamientos y emociones de los operadores se entrelazan, creando una resonancia que da lugar a los patrones emocionales del ámbito económico. Carl Jung también habló de una conexión parecida, refiriéndose al inconsciente colectivo, donde las emociones y pensamientos compartidos crean patrones de comportamiento que afectan a toda la sociedad, incluyendo los ámbitos económicos.

Jung desarrolló el concepto de inconsciente colectivo, una parte de nuestra psique que contiene las experiencias compartidas de la humanidad, con arquetipos y patrones de comportamiento comunes a todos. En el *trading*, el inconsciente colectivo se manifiesta cuando los inversores actúan de manera similar debido a emociones y expectativas compartidas. Cuando la mayoría siente miedo ante una posible caída, este sentimiento se convierte en una fuerza colectiva que impulsa a muchos a vender, creando una espiral descendente.

Es el inconsciente colectivo en acción. De la misma manera, el entusiasmo general durante una burbuja puede llevar a una sobrecompra irracional, haciendo que muchos operadores sigan la tendencia sin un análisis crítico. Jung creía que, al hacernos conscientes de estos patrones, podríamos liberarnos de su influencia. Esto significa reconocer cuándo estamos siendo arrastrados por el inconsciente colectivo y, en lugar de actuar automáticamente, tomar decisiones basadas en un análisis objetivo y nuestra propia estrategia.

Podemos ver ejemplos de esto en la vida cotidiana, como el fenómeno de las compras de pánico durante una crisis económica. Cuando un grupo de personas comienza a acumular ciertos bienes por miedo a una escasez, esta acción se contagia a otros, incluso a aquellos que originalmente no tenían la intención de hacerlo. Así, el inconsciente colectivo se convierte en un movimiento colectivo que arrastra a la mayoría hacia un comportamiento irracional. Los operadores, al actuar bajo la influencia del inconsciente colectivo, terminan moviéndose en masa y aumentando la volatilidad. La clave para evitar esto es reconocer estos patrones y mantener una mentalidad crítica y consciente.

Los péndulos pueden ser "constructivos" o destructivos, pero en el contexto del *trading*, generalmente hablamos de péndulos destructivos que desvían a los inversores de sus objetivos personales.

En la vida cotidiana, los patrones emocionales están presentes en muchos ámbitos. Un ejemplo claro es la moda: cuando una tendencia se populariza, la mayoría la sigue sin cuestionarse si realmente le gusta o si le beneficia. Otro ejemplo es el ambiente laboral en una empresa; cuando la mayoría de los empleados adopta una actitud determinada, ya sea optimista o pesimista, esa energía se convierte en un péndulo que influye en la atmósfera general del lugar de trabajo. Incluso en la política, estas energías se manifiestan cuando los discursos de ciertos líderes logran atraer a grandes masas de seguidores, que adoptan sus ideas y actúan sin reflexión crítica.

En el *trading*, los patrones emocionales se presentan en forma de tendencias del ámbito económico, ya sea en fases alcistas o bajistas. Los operadores, al unirse a estas corrientes sin un análisis propio, están alimentando al péndulo y permitiendo que su influencia crezca. Por ejemplo, cuando una acción o criptomoneda comienza a subir rápidamente de precio, muchos sienten el impulso de comprar, creando un movimiento colectivo de euforia que puede llevar a la formación de burbujas especulativas. Por otro lado, durante una caída, el péndulo del miedo lleva a muchos inversores a vender en el peor momento, sin considerar si la caída es temporal o si realmente hay razones fundamentales para hacerlo.

La clave para liberarnos de los péndulos destructivos está en ser conscientes de su existencia y tomar decisiones basadas en un análisis objetivo. Entender que muchas veces nuestras emociones y las del resto de los participantes nos arrastran hacia direcciones que no son necesariamente las mejores para nuestros intereses nos permite tomar distancia y actuar de forma más racional.

Hablemos un poco más a fondo sobre lo que hay detrás de los péndulos en el ámbito económico, porque es un concepto que realmente vale la pena entender bien. Un péndulo en el contexto económico se crea cuando las energías mentales de un grupo de operadores están alineadas, es decir, cuando los pensamientos y emociones de muchas personas van en la misma dirección. Esta sincronización energética genera una estructura que actúa como una fuerza autónoma, una especie de entidad invisible que comienza a influir en los que están conectados a ella, sin que muchas veces nos demos cuenta.

Piénsalo de esta manera: imagina un grupo de personas en una sala, todos muy emocionados hablando sobre la próxima gran criptomoneda. Al principio, algunos muestran entusiasmo, otros están un poco más escépticos, pero poco a poco, el entusiasmo comienza a propagarse. Al final, la mayoría está convencida de que esta criptomoneda va a ser la siguiente gran oportunidad para hacerse ricos. Lo que ha sucedido aquí es que se ha creado un péndulo: la energía colectiva de ese grupo se ha alineado, y ahora ese entusiasmo tiene vida propia y sigue impulsando a las personas a actuar en función de ese sentimiento colectivo.

Este fenómeno se puede ver claramente en la formación de una tendencia económica o cuando surge una nueva criptomoneda de tipo "meme". Los operadores, al observar una tendencia, tienden a alinearse emocionalmente con ella. Si sienten miedo a quedarse fuera (lo que conocemos como FOMO) o pánico por perder más dinero (el famoso FUD - Fear, Uncertainty and Doubt), esa energía acumulada empieza a alimentar la fuerza colectiva. Así es como el péndulo gana fuerza y se convierte en una especie de fuerza invisible que controla a quienes operan dentro de su frecuencia.

Los ámbitos económicos, en teoría, funcionan con base en la oferta y la demanda, pero estas están enormemente influenciadas por la psicología colectiva. Cuando los inversores permiten que sus decisiones sean dictadas por el miedo o la avaricia, están actuando bajo la influencia de péndulos destructivos. Cuando el contexto económico experimenta una caída repentina y el pánico se propaga, muchos operadores venden sin analizar la situación de manera racional. Este comportamiento es el resultado de la energía que se ha acumulado en la fuerza colectiva del pánico. Cuantos más inversores contribuyen a esta energía, mayor será el movimiento en esa dirección, y es por eso que podemos ver caídas tan abruptas.

Vadim Zeland describe estas energías como estructuras independientes que buscan perpetuar su existencia alimentándose de la energía de los individuos. Así que, cuando el péndulo del pánico toma el control, se vuelve extremadamente difícil para los operadores actuar con lógica y serenidad. Es un poco como tratar de mantenerse en calma en medio de una estampida: el impulso colectivo te arrastra. Viktor Frankl, un psicólogo y sobreviviente del Holocausto, habló sobre la importancia de encontrar un propósito interno y no dejarse arrastrar por las fuerzas externas. En el contexto del *trading*, esto significa no sucumbir a la energía de los péndulos del ámbito económico, mantener la calma y seguir una estrategia que esté basada en principios y en un análisis racional.

Uno de los mayores desafíos en el *trading* es justamente mantenernos conscientes de cuándo estamos siendo arrastrados por un movimiento colectivo. La clave para vencer este desafío es estar presentes, ser críticos y no dejarnos llevar por la ola sin pensar. En lugar de sucumbir al FOMO o al pánico general, necesitamos tomar decisiones que estén alineadas con nuestros objetivos y basadas en un análisis bien fundamentado.

La próxima vez que te enfrentes a una situación de volatilidad en el ámbito económico, pregúntate: "¿Estoy tomando esta decisión porque es lo que me dice mi análisis o simplemente porque siento que todos los demás lo están haciendo?". Esta simple pregunta puede ayudarte a identificar si estás bajo la influencia de un péndulo y permitirte recuperar el control de tus decisiones.

Y ahora quiero que nos detengamos un momento a hablar sobre un aspecto fundamental de los péndulos destructivos: su batalla constante por dominar. Estas energías, como fuerzas colectivas que buscan prevalecer, están en una lucha constante por atraer más partidarios y alimentar sus oscilaciones. Esta competencia genera un efecto muy evidente en los ámbitos económicos, donde diferentes fuerzas emocionales tratan de imponerse unas sobre otras, arrastrando a los operadores en sus dinámicas. Al final del día, los patrones emocionales no solo quieren sobrevivir, quieren crecer y fortalecerse a costa de la energía de sus seguidores.

Por ejemplo, cuando una tendencia alcista comienza a formarse, el péndulo de la euforia y la codicia trata de atraer a la mayor cantidad posible de inversores. Esto lleva a que muchos operadores entren al mercado convencidos de que los precios seguirán subiendo, sin hacer un análisis crítico de sí el activo realmente lo vale. A la inversa, cuando el entorno comienza a caer, la fuerza colectiva del miedo hace de las suyas, arrastrando a muchos inversores hacia una venta masiva, generalmente en el peor momento posible. En ambos casos, los operadores creen que están tomando decisiones racionales, cuando en realidad están siendo arrastrados por estas fuerzas colectivas que buscan perpetuarse.

Para ilustrar esto de una manera diferente, pensemos en la moda. Cuando una prenda o estilo se vuelve popular, muchas personas se suman a la tendencia, incluso sin cuestionar si realmente les gusta o si les queda bien. Este es el péndulo de la moda, que crece con cada nuevo seguidor que decide adoptar esa prenda. Luego, cuando el péndulo pierde fuerza, esa misma moda queda obsoleta, y la gente se desprende de ella casi de inmediato, sin detenerse a pensar por qué la adoptaron en primer lugar. Lo mismo sucede en el *trading*: los inversores tienden a seguir tendencias sin un análisis propio, y luego abandonan esas posiciones tan pronto como el contexto cambia, sin cuestionar si su decisión fue correcta o no.

En el ámbito económico, además de la emoción colectiva, también existen otras herramientas y señales que alimentan a los péndulos, como los indicadores técnicos y el análisis del volumen de transacciones. Cuando los volúmenes transaccionales aumentan y el precio parece confirmar una tendencia, muchos operadores minoristas sienten el impulso de entrar en la dinámica para no perder la oportunidad, lo cual alimenta la fuerza colectiva del FOMO (miedo a perderse algo). Además, cuando figuras públicas importantes, como Elon Musk, mencionan una criptomoneda en redes sociales, pueden desencadenar movimientos masivos en el precio. Aquí vemos cómo un simple mensaje puede alimentar o debilitar un movimiento colectivo, creando una batalla constante por la atención y la energía de los inversores.

Otro ejemplo de la batalla de estas energías se da en la competencia entre activos tradicionales y criptomonedas. Los patrones emocionales de los activos tradicionales, como acciones y bonos, intentan desacreditar a los péndulos de las criptomonedas, y viceversa. Los medios de comunicación, analistas económicos y figuras importantes del sector constantemente presentan argumentos que intentan reforzar su lado y atraer a más partidarios. La intención es clara: fortalecer su propio péndulo a costa del otro.

Para un *trader* consciente, es esencial aprender a identificar estas batallas y no dejarse atrapar en ellas. Mantener una perspectiva independiente, analizar de manera crítica la información y preguntarse si estamos tomando una decisión por convicción propia o porque estamos siendo arrastrados por el péndulo es la clave para evitar ser víctima de estas oscilaciones. La mejor estrategia, a menudo, es mantener la calma, dar un paso atrás y evaluar si nuestras decisiones están alineadas con nuestros propios objetivos y no con las emociones que predominan en el ámbito económico en ese momento.

Cómo los péndulos destructivos influyen en el *Trading*

Esta energía del mercado no se preocupa por el bienestar de los operadores individuales. Su única intención es mantenerse en movimiento, alimentándose de la energía que generan nuestras emociones: el miedo, la codicia, la desesperación. Y cuanto más intensa es la emoción, más fuerte es la energía que los inversores entregan a estos péndulos. Esto se traduce en movimientos extremos en el entorno financiero, como colapsos o euforias irracionales, donde se pierde la objetividad. De esta manera, la naturaleza destructiva de estas energías se manifiesta cuando arrastran a los operadores a tomar decisiones basadas en el comportamiento de la multitud, en lugar de basarse en un análisis consciente y racional.

Tomemos un ejemplo más reciente: el colapso de Terra/Luna en el mercado de criptomonedas. Este caso es un claro ejemplo de cómo un péndulo destructivo puede influenciar a miles de inversores. Al principio, el proyecto creó un movimiento colectivo de optimismo desbordante. Todos querían ser parte del próximo éxito, una sensación que se alimentó a través de redes sociales, recomendaciones de supuestos expertos, y la promesa de retornos extraordinarios. Pero cuando comenzaron los primeros indicios de problemas, la fuerza colectiva del miedo tomó el control, provocando una estampida de ventas y una caída abrupta del valor de Terra/Luna. Los operadores que antes habían sido arrastrados por la euforia del péndulo, ahora se veían atrapados por el péndulo del pánico, perdiendo gran parte de sus inversiones.

Pero no solo son estos eventos drásticos los que reflejan la naturaleza destructiva de esta energía. Hay un aspecto menos evidente, pero igualmente poderoso, de cómo los patrones emocionales influyen en la estructura del sistema financiero a través de elementos técnicos. Pensemos en los indicadores técnicos: muchas veces, herramientas como las medias móviles, el RSI o el MACD se convierten en puntos de referencia compartidos por una gran cantidad de inversores. Si suficientes personas observan una señal de compra en el cruce de medias móviles, por ejemplo, se crea un movimiento colectivo que impulsa una mayor demanda. Pero cuando este movimiento se desvanece y los precios no cumplen con las expectativas, los operadores reaccionan de manera abrupta, creando una cascada de ventas que aún sigue los patrones del péndulo.

Lo mismo ocurre con los volúmenes transaccionales. Cuando hay un pico repentino en el volumen, muchos lo perciben como una señal de que algo grande está sucediendo. Este comportamiento genera un efecto bola de nieve donde los inversores siguen el volumen, alimentando el movimiento sin necesariamente entender qué hay detrás de ese incremento. Esta acción, por sí misma, fortalece la fuerza colectiva y lo convierte en un factor determinante del comportamiento de la dinámica financiera.

Por otro lado, no podemos ignorar la enorme influencia de las redes sociales. Hoy en día, plataformas como Twitter o Reddit pueden ser verdaderos catalizadores de péndulos en el mercado. Basta con que una figura conocida haga un comentario sobre una acción o una criptomoneda para que la masa de operadores se alinee en la misma dirección. Esto lo vimos claramente con el caso de GameStop, donde un grupo en Reddit logró hacer tambalear a instituciones financieras con solo coordinar su acción a través de las redes. En estos casos, el péndulo de la euforia puede alcanzar niveles inauditos, pero la caída también puede ser igual de abrupta, afectando principalmente a aquellos que entraron tarde y sin un plan.

David Bohm, físico y filósofo, hablaba de la importancia de entender la totalidad de un sistema, en lugar de enfocarse solo en sus partes. Bohm consideraba que el universo es un sistema indivisible, donde todo está interconectado. Según él, si solo miramos las partes individuales de un sistema, perdemos de vista cómo interactúan entre sí y cómo forman un todo coherente.

En su teoría del "orden implicado", Bohm proponía que las realidades visibles (el "orden explicado") emergen de un nivel más profundo de la realidad que está oculta, pero que las conecta a todas. Es decir, lo que vemos y percibimos como real es solo una manifestación superficial de un orden más fundamental que subyace a todo. Esto nos invita a mirar más allá de lo evidente y a intentar comprender las conexiones subyacentes que dan lugar a las manifestaciones que observamos.

Aplicado al *trading*, este concepto nos enseña que no podemos limitarnos a analizar solo los movimientos individuales del entorno financiero, como el precio de una acción o una gráfica de velas. Debemos tratar de ver la imagen completa y comprender la dinámica subyacente, los patrones ocultos y las energías colectivas que afectan el comportamiento de los mercados. Bohm nos invita a alejarnos de una visión fragmentada para adoptar una perspectiva holística, entendiendo que cada movimiento del mercado está influido por una red compleja de factores interconectados, desde la psicología de los inversores hasta las condiciones económicas globales.

En el *trading*, comprender la totalidad nos permite identificar esas fuerzas colectivas, o "péndulos", que influyen en las decisiones de los participantes del sistema financiero. De esta forma, podemos empezar a ver más allá del ruido diario y entender cómo nuestra propia percepción y acción están siendo moldeadas por una realidad más amplia y profunda. Esto nos ayuda a evitar ser arrastrados ciegamente por las emociones del mercado y, en su lugar, a tomar decisiones más conscientes y alineadas con una comprensión más integral de lo que está ocurriendo.

Por eso, es fundamental reconocer cuándo estamos siendo influenciados por un péndulo destructivo del mercado. Si notas que tus decisiones están siendo guiadas más por el miedo o la euforia colectiva que por un análisis detallado y objetivo, es probable que estés bajo la influencia de un movimiento colectivo. En estos casos, la mejor estrategia es detenerse, tomar distancia y reevaluar la situación desde un lugar de calma y desapego. No se trata de dejar de usar herramientas técnicas o ignorar las noticias, sino de usarlas con conciencia, sin caer en la trampa de los patrones emocionales que buscan atraparnos.

Cómo los grandes *Traders* enfrentan los Péndulos del mercado

Quiero que pensemos un poco en cómo los grandes operadores se manejan frente a las fuerzas invisibles del entorno financiero, los patrones emocionales. Esta energía, esos movimientos emocionales de masas que parecen arrastrarnos, no se preocupan por nosotros como individuos. Su única intención es seguir oscilando, alimentándose de nuestras emociones como el miedo y la codicia. Pero, ¿qué hacen los operadores exitosos ante esto? En lugar de dejarse arrastrar, saben cómo reconocerlos y, muchas veces, hasta cómo usarlos a su favor.

Un buen ejemplo de esto es Paul Tudor Jones. Este legendario *trader* entendió desde el principio que el comportamiento de masas es uno de los mayores peligros en los contextos financieros. Paul supo que para tener éxito debía actuar de manera independiente, alejándose de la corriente cuando era necesario. No se trata de hacer lo contrario solo por el simple hecho de desafiar la tendencia, sino de tener la claridad de analizar por uno mismo y decidir sin dejarse arrastrar por la marea emocional. Imagina que todos se tiran al agua creyendo que hay un tesoro, pero no hay nadie que se pregunte si realmente hay algo ahí o si vale la pena arriesgarse.

Warren Buffett es otro ejemplo perfecto de cómo evitar la influencia de los péndulos. Seguramente has escuchado su famosa frase: "Sé temeroso cuando otros son codiciosos y codicioso cuando otros son temerosos". Eso muestra un profundo entendimiento de cómo funcionan estas energías colectivas. Cuando todos están siendo arrastrados por la euforia de un sector financiero en auge, Buffett sabe que es el momento de dar un paso atrás y reevaluar. Un caso muy puntual de cómo Buffett aprovechó la situación fue durante la crisis financiera de 2008.

Mientras muchos inversores vendían por miedo, él se dedicó a invertir en empresas sólidas que estaban siendo castigadas injustamente por el pánico del entorno financiero. Compró acciones de Goldman Sachs y General Electric a precios bajos, sabiendo que a la larga esas empresas tenían un valor intrínseco que el entorno financiero estaba ignorando. Esa capacidad de mantenerse al margen del péndulo del pánico colectivo le permitió obtener grandes beneficios.

Otro ejemplo interesante es Stanley Druckenmiller, quien también ha sabido aprovechar las debilidades de los sistemas financieros. Druckenmiller trabajó junto a Soros y fue clave en la famosa apuesta contra la libra esterlina. Pero además, ha demostrado una gran habilidad para anticiparse a los movimientos del entorno financiero, como lo hizo durante la burbuja tecnológica de finales de los 90.

Mientras muchos se dejaban llevar por la euforia de las acciones tecnológicas, Druckenmiller supo cuándo entrar y, más importante aún, cuándo salir antes de que la dinámica energética del entusiasmo se desplomara. Esa capacidad para identificar los momentos en los que el péndulo está perdiendo fuerza y actuar en consecuencia le ha permitido lograr un historial impresionante de retornos positivos a lo largo de su carrera.

Pero no todo se trata de desafiar las influencias colectivas. A veces, la clave está en saber fluir. Lao-Tsé, el filósofo chino, decía que la sabiduría consiste en fluir como el agua, adaptándose sin resistencia a las circunstancias. Esta filosofía también tiene una aplicación directa en el *trading*. Los grandes operadores no solo desafían al péndulo; muchas veces también saben cómo adaptarse y esperar el momento correcto.

Saben que el mercado es cambiante y que a veces la mejor estrategia no es pelear contra la corriente, sino observar, esperar, y actuar con serenidad. Esta capacidad de adaptación y de no reaccionar impulsivamente es lo que les permite mantener la claridad para tomar decisiones efectivas, incluso en momentos de alta volatilidad.

Algo que también es fundamental, y que puede ser de gran ayuda para nosotros, los inversores minoristas, es aprender a identificar cuándo nuestras decisiones están siendo guiadas por la multitud y cuándo realmente estamos siguiendo nuestro propio análisis. No es fácil; hay que ser muy honestos con nosotros mismos y estar dispuestos a detenernos, tomar distancia y reevaluar la situación. Los grandes operadores han aprendido a hacerlo, no porque tengan habilidades sobrenaturales, sino porque han practicado una y otra vez, desarrollando la capacidad de reconocer cuándo están siendo atrapados por un movimiento colectivo.

Así que, la próxima vez que veas que todo el mundo está actuando de una manera, pregúntate: ¿esto tiene sentido para mí? ¿Estoy actuando porque creo que es lo correcto o porque todos los demás lo están haciendo? Tal vez la clave está en, como Buffett, ser valiente cuando todos tienen miedo, o como Soros, saber cuándo aprovechar la debilidad del péndulo. Pero sobre todo, la clave está en mantener la claridad y la calma, sin dejarnos arrastrar por la corriente.

Cómo liberarse de los péndulos destructivos

Para liberarse de esta energía destructiva, es fundamental desarrollar la capacidad de operar desde un estado de conciencia y desapego emocional. Esto implica reconocer cuándo nuestras decisiones están siendo influenciadas por el miedo, la avaricia u otras emociones colectivas, y decidir conscientemente si esas decisiones realmente nos convienen. Aquí algunas estrategias para evitar caer en la influencia de los péndulos:

1. **Analizar desde la objetividad**: Antes de tomar una decisión, detente y pregúntate si estás actuando con base en datos objetivos o si estás reaccionando a la emoción predominante en el entorno financiero. La objetividad es clave para evitar ser arrastrado por los patrones emocionales destructivos. Asegúrate de evaluar las métricas relevantes, los indicadores técnicos y cualquier otro dato relevante sin dejarte influir por

el ruido del sistema financiero. La capacidad de analizar objetivamente te ayudará a identificar cuándo los movimientos del sector están siendo impulsados por péndulos emocionales y cuándo realmente hay fundamentos detrás.

2. **Tener un plan de *Trading* Claro**: Un plan bien estructurado puede ayudarte a evitar tomar decisiones impulsivas. Establecer reglas sobre cuándo entrar y salir del mercado te permitirá operar de manera más racional, sin caer en la influencia de los patrones emocionales. Tu plan de *trading* debe estar alineado con tus objetivos personales y no con la corriente del entorno financiero.

3. **Desapegarse de los resultados**: La clave para liberarse de estas energías es operar desde un estado de desapego emocional. Entender que cada operación es solo una de las muchas variantes posibles, y que el resultado de una operación no define tu valía como *trader*. No debes obsesionarte con el éxito o el fracaso de una operación individual, sino enfocarte en el proceso.

4. **Evitar las noticias sensacionalistas**: Muchas veces, las noticias amplifican las emociones colectivas del sistema financiero, creando un entorno de miedo o euforia. Mantente informado, pero no permitas que el sensacionalismo te arrastre hacia decisiones irracionales. Los medios de comunicación a menudo funcionan como amplificadores de los patrones emocionales del sector.

5. **Observar desde la distancia**: Imagina que eres un observador del entorno financiero, en lugar de un participante. Esta perspectiva te ayudará a ver las cosas con mayor claridad y a identificar cuándo se está formando un péndulo que podría llevarte a decisiones erróneas. Observar desde la distancia también te permitirá evitar reaccionar impulsivamente ante movimientos repentinos del sistema financiero.

6. **Desarrollar la Resiliencia Emocional**: La resiliencia emocional es la capacidad de mantener la calma y el balance mental, incluso en situaciones de incertidumbre y volatilidad. Para liberarte de los péndulos

destructivos, es crucial fortalecer tu capacidad de manejar el estrés y las emociones negativas. La meditación y la práctica de mindfulness pueden ser herramientas valiosas para lograrlo.

7. **Liberarse de la influencia del sector**: Es importante entender que luchar contra un movimiento colectivo del entorno financiero solo le da más fuerza. Por ejemplo, si un *trader* se obsesiona con evitar una pérdida y está constantemente enfocado en lo que podría salir mal, está alimentando ese péndulo con su energía. La primera regla para hundir un movimiento colectivo es renunciar a la lucha contra él. Cuanto más intentamos rechazar algo que nos molesta del sistema financiero, más nos persigue. Esto se traduce en emociones como la frustración por una operación perdedora, el miedo a perder oportunidades o la ira contra el comportamiento del sector.

Eckhart Tolle, autor de *El Poder del Ahora*, sugiere que la presencia consciente es la mejor defensa contra las fuerzas externas que buscan controlar nuestra mente. En el *trading*, esto significa estar plenamente presente en el momento de tomar decisiones, sin dejar que el ruido externo o las emociones te desvíen de tu propósito. La capacidad de mantenerse presente y consciente es fundamental para liberarse de los patrones emocionales destructivos.

Los péndulos son una parte inevitable del sector financiero, y si bien no podemos eliminarlos, podemos aprender a reconocerlos y neutralizar su influencia sobre nuestras decisiones. Como operadores, no siempre somos conscientes de cómo las emociones colectivas afectan nuestras decisiones. Pero una vez que entendemos cómo operan estas energías, podemos dar un paso hacia ser operadores conscientes. Y eso es clave, porque el *trading* consciente es lo que nos permite actuar desde un lugar de claridad y equilibrio, y no desde la reacción automática que los patrones emocionales provocan.

Imagina que el ámbito financiero es como un gran río, y estas energías son las corrientes que te arrastran. Si no eres consciente de ellas, te llevarán a donde quieran, sin que puedas controlarlo. Pero si eres consciente, puedes navegar ese río con un propósito, esquivando las corrientes que no te convienen y aprovechando las que sí. Reconocer los péndulos no significa luchar contra ellos, sino entender cómo actúan y cómo afectan nuestras decisiones, para luego decidir de manera más alineada con nuestras metas individuales.

Una parte fundamental para convertirte en un *trader* consciente es aprender a identificar cuándo estás bajo la influencia de un péndulo. Si notas que estás tomando decisiones por miedo a perder una oportunidad o por miedo a perder lo que ya tienes, eso es una clara señal de que un movimiento colectivo está tirando de ti. Lo mismo sucede si te encuentras entrando en una operación porque ves a todo el mundo hablando de una acción o criptomoneda específica y no quieres quedarte fuera. Estos son ejemplos clásicos de cómo las influencias colectivas nos arrastran, y el primer paso para liberarnos es simplemente reconocer su influencia.

Operar de manera consciente significa no reaccionar automáticamente a las emociones colectivas, sino evaluar cada situación desde un estado de calma y objetividad. ¿Cómo lograr esto? Bueno, una buena estrategia es tener un plan de *trading* claro. Cuando tienes reglas específicas sobre cuándo entrar y salir de tus inversiones, es más fácil evitar ser atrapado por la euforia o el pánico del momento. Otra forma es practicar el desapego emocional. Entender que cada operación es una oportunidad para aprender, y que los resultados, sean positivos o negativos, no definen tu valor como inversor.

Un *trader* consciente también sabe que su mayor fortaleza es la capacidad de mantenerse al margen de la multitud. No significa operar en contra de la tendencia, sino no dejarse arrastrar ciegamente por ella. Como mencionó Warren Buffett, "debes ser temeroso cuando otros son codiciosos y codicioso cuando otros son temerosos". Este enfoque nos recuerda que, muchas veces, el verdadero éxito operando viene de saber mantener la calma cuando todos a tu alrededor están perdiéndola.

Reconocer los péndulos también implica observar cómo ciertos eventos, noticias o incluso figuras públicas pueden desencadenar una oleada de emociones colectivas. La próxima vez que veas una noticia sensacionalista o una gran subida o caída en los mercados, tómate un momento para reflexionar. ¿Estás reaccionando porque realmente hay fundamentos sólidos, o estás siendo arrastrado por la corriente? Esta capacidad de cuestionar y analizar de manera crítica es lo que diferencia a un inversor consciente de uno que simplemente sigue a la multitud.

Ser un *trader* consciente no es algo que se logre de la noche a la mañana; es un proceso constante de autoobservación y aprendizaje. Pero cada pequeño paso que des hacia reconocer y liberar la influencia de los patrones emocionales te acercará más a una operativa consistente y alineada con tus objetivos. Recuerda, el ámbito financiero siempre va a estar lleno de péndulos que intentan captar tu atención y tu energía, pero tú decides si te dejas arrastrar o si eliges navegar tu propio camino, consciente y con intención.

Quiero que reflexionemos juntos sobre algo importante: estas energías no solo se alimentan de aquellos que los siguen ciegamente, sino también de aquellos que intentan luchar contra ellos. Es decir, tanto si te alineas con la corriente como si intentas resistirte, tu energía está siendo utilizada por el péndulo. Y esto, en el mundo del *trading*, puede tener consecuencias inesperadas y no siempre positivas.

Imagina que los mercados están cayendo y la atmósfera está llena de noticias negativas. Como *trader*, te sientes atrapado en la incertidumbre y comienzas a experimentar miedo y ansiedad. Si tomas decisiones impulsivas vendiendo tus posiciones, no solo pierdes dinero, sino que estás contribuyendo a la fortaleza del temor. Esa energía colectiva alimenta la tendencia bajista, creando una espiral donde cada vez más operadores se ven afectados y actúan sin un análisis racional. El resultado: caes justo en lo que querías evitar.

Los péndulos financieros pueden llevarte a lo que no deseas. Cuanto más te enfocas en evitar una situación negativa, más probabilidad hay de que termines enfrentándola. El miedo y la resistencia hacen que tu energía se sincronice con la frecuencia del péndulo, y es entonces cuando las peores expectativas se materializan. Es como si, al intentar huir de un problema, te dirigieras directo hacia él sin darte cuenta.

Un ejemplo típico es cuando un inversor está obsesionado con evitar una pérdida significativa. Esa preocupación constante, ese enfoque excesivo en no perder, termina fijando su energía mental en la frecuencia del péndulo del miedo. ¿Y qué pasó entonces? El *trader* se deja llevar por la emoción, vende en el peor momento posible y, al final, materializa la pérdida que tanto quería evitar. Los mercados parecen casi responder a nuestras emociones más profundas, como si reflejaran aquello en lo que nos enfocamos.

Para evitar esto, la clave está en mantener una postura consciente y desapegada frente a las fluctuaciones financieras. En lugar de luchar contra estas energías, debemos aprender a observarlas sin involucrarnos emocionalmente. Si hay información negativa que no afecta directamente a nuestra estrategia o plan de *trading*, la mejor decisión es no darle poder, no permitir que invada nuestra mente y se convierta en una preocupación constante.

Pensemos en un ejemplo cotidiano. Imagínate que está lloviendo y no quieres mojarte. Cuanto más te obsesionas con no mojarte, más te das cuenta de cada gota, de cada charco, y terminas más mojado de lo que habrías estado si simplemente hubieras aceptado la lluvia y te hubieras movido con calma. Lo mismo sucede en el *trading*: aceptar los desafíos del entorno financiero y moverte con serenidad te ayudará a evitar que los péndulos te arrastren hacia donde no deseas ir.

En el contexto financiero, esto significa que cuanto más desapegado estés de las emociones colectivas, más podrás tomar decisiones desde un lugar racional y alineado con tus objetivos. El *trader* consciente sabe que los mercados subirán y bajarán, que habrá ganancias y pérdidas, pero entiende que su enfoque y energía no deben estar en evitar cada caída, sino en seguir su plan con claridad y consistencia. Liberarse de la influencia de los péndulos es fundamental para mantener el equilibrio, minimizar las pérdidas y, sobre todo, operar desde un lugar de tranquilidad y conciencia.

Fluir con el Mercado: Hundiendo el péndulo

En el mundo del *trading*, hay una lección crucial que muchos tardan en aprender: luchar contra las fuerzas del mercado es en realidad alimentar aquello que queremos evitar. Si intentamos enfrentarnos directamente a los movimientos financieros, lo único que logramos es darle más fuerza a esas fuerzas que nos perturban. Este principio, conocido como el «hundimiento del péndulo», nos invita a una aproximación más sabia y fluida: no resistirnos, sino aceptar y actuar con conciencia.

En lugar de luchar contra las fuerzas del mercado, es mejor adoptar una postura similar al aikido, el arte marcial, donde el defensor no lucha contra la fuerza del atacante, sino que la redirige. Cuando el entorno financiero nos golpea, podemos aprender a observar el movimiento, acompañar esa energía con una mente tranquila y esperar el momento correcto para actuar sin desperdiciar nuestra energía. Esto significa aceptar que los mercados pueden comportarse de formas inesperadas y, en lugar de tratar de cambiarlos o enfrentarlos, entender que esas situaciones son parte de su naturaleza.

Imagina que el ámbito financiero es como una galería de arte. Habrá obras que te gustarán y otras que simplemente no conectan contigo, pero no tiene sentido exigir que retiren las que no te gustan. Puedes elegir enfocarte en las que sí aportan valor a tu experiencia y, en el caso del *trading*, elegir estrategias que te permitan mantener el balance mental sin reaccionar impulsivamente. Aceptar la existencia de esos "cuadros" que no te agradan es el primer paso para que dejen de afectarte.

Ser "vacío" frente al péndulo significa no ofrecer resistencia, no dar nada con lo que pueda engancharse. No significa resignación, sino observar desde la calma, actuar desde la conciencia y mantener una postura neutral. Cuando no reaccionamos emocionalmente a una caída o a un movimiento inesperado, el péndulo pierde su poder sobre nosotros. Por ejemplo, cuando los mercados se comportan de manera errática y muchos operadores reaccionan llenos de ansiedad, puedes optar por no emitir juicio ni permitir que esa energía te arrastre. Esto te permite mantenerte en una frecuencia diferente, desde donde puedes tomar decisiones con claridad.

Un *trader* consciente sabe que las dinámicas financieras se mueven según sus propias reglas, que no están bajo nuestro control. Dejar de luchar contra el sistema es la clave para liberar nuestra energía y enfocarnos en lo que sí podemos controlar: nuestra reacción. Al actuar desde la aceptación y no desde la resistencia, logramos hundir el péndulo y fluir con los movimientos financieros sin quedar atrapados en sus oscilaciones destructivas.

En algunos casos, puede que ignorar o evitar un movimiento colectivo no sea suficiente para liberarse de su influencia. A veces, estas fuerzas colectivas son tan persistentes y dominantes que simplemente el "hundir" la dinámica energética no es una opción. Entonces, ¿qué podemos hacer? Debemos encontrar una manera diferente de enfrentarlos, lo que llamaremos «extinguir el péndulo».

Extinguir un movimiento colectivo significa actuar de una forma que no alimenta la energía de ese péndulo, sino que la disuelve. En el contexto del *trading*, puede ser cuando las tendencias parecen empujar hacia una dirección específica, y tú eliges no seguir ese flujo, no desde una actitud reactiva o de resistencia, sino desde una posición de desapego y serenidad. Es decir, se trata de tomar una acción inesperada que rompa el ciclo de la energía del péndulo.

Imagina un entorno financiero que está en una fuerte tendencia bajista, y todos los operadores están actuando con miedo, vendiendo sin piedad para evitar mayores pérdidas. La fuerza del miedo ha sido respaldada por la gran mayoría. Si te sientes acorralado por este péndulo y simplemente decides reaccionar como los demás, estás alimentándolo.

Pero, si en lugar de ello decides tomarte un respiro, analizar los fundamentos reales y darte cuenta de que la caída es una sobrerreacción sin fundamento sólido, podrías elegir mantener tus posiciones, o incluso comprar más cuando los precios son bajos. En este caso, estás actuando fuera del guion esperado por la fuerza colectiva del miedo, extinguiéndolo para ti.

Un ejemplo similar se puede ver cuando los mercados están en una tendencia alcista y la euforia domina a todos los inversores. Los precios están subiendo rápidamente y parece que no hay techo a la vista. En estas situaciones, las influencias de la avaricia y el entusiasmo pueden llevar a los operadores a comprar a precios muy altos sin analizar los riesgos. Extinguir el péndulo en este contexto significa tener la disciplina suficiente para no dejarse llevar por la euforia y vender o, al menos, no comprar más cuando los precios son irracionales. Es actuar con frialdad cuando todos están siendo dominados por la avaricia.

Lo interesante de extinguir un péndulo es que no siempre requiere una acción espectacular o drástica; a veces, la acción más efectiva es simplemente no reaccionar de la manera esperada. Si el entorno financiero te presenta una situación que parece desesperante, como una gran caída o una subida sin fundamentos claros, y logras no reaccionar emocionalmente, estás extinguiendo ese péndulo. Es como estar en una discusión donde la otra persona espera una reacción intensa de tu parte, pero tú eliges mantener la calma. Al no responder con la energía que se espera, la fuerza del conflicto se disuelve.

Una manera práctica de llevar esto a cabo es enfocarte en los datos y en tu plan de *trading* en lugar de las emociones que el sistema intenta generar en ti. Cuando todos están reaccionando a una noticia de manera extrema, podrías preguntarte: "¿Esta noticia realmente cambia los fundamentos de mi operación?". Si la respuesta es no, entonces no hay razón para reaccionar. Esta forma de actuar rompe el ciclo que el péndulo está tratando de mantener.

Otra técnica que puede ayudar a extinguir un movimiento colectivo es cambiar tu perspectiva hacia lo que está ocurriendo. Si las condiciones financieras se comportan de una manera que normalmente te irritaría o te pondría nervioso, intenta verlo como un observador curioso. Imagínate que estás viendo una película, donde el entorno financiero es el protagonista impredecible. Esto te permite distanciarte de la situación y actuar desde un lugar más centrado.

Recuerda, extinguir un movimiento colectivo no significa desafiar al mercado de manera temeraria ni actuar de forma irracional. Se trata de encontrar una forma de no seguir el guion que el sistema y el péndulo están imponiendo, y actuar desde un lugar de equilibrio y conciencia. A veces, la mejor manera de extinguir un péndulo es, simplemente, cambiar la frecuencia de tus pensamientos y acciones para que no coincidan con las del péndulo.

En resumen, los péndulos existen porque nosotros les damos energía, ya sea a través de nuestra reacción emocional o al actuar de manera predecible. Para extinguir un movimiento colectivo, debemos romper ese ciclo de retroalimentación. A través de la calma, la observación y las acciones conscientes, podemos desactivar la influencia de estas energías destructivas y operar de manera que nos acerque a nuestras metas, no a las que el sistema trata de imponernos.

Soluciones fáciles para problemas difíciles

A menudo, en el *trading* nos enfrentamos a problemas que parecen no tener solución, que nos hacen sentir atrapados en un ciclo de frustración y desesperación. Estos problemas pueden ser una racha de pérdidas, un entorno que no se comporta como esperábamos, o simplemente el agobio de no encontrar oportunidades claras para operar. Y aquí es donde entran los patrones emocionales, esas fuerzas que, al centrar nuestra atención de manera negativa, nos mantienen en una especie de laberinto donde todo parece más complicado de lo que realmente es.

El secreto para encontrar soluciones fáciles es aprender a "distanciarte" del problema. Imagina que estás en una habitación con varias puertas, pero solo puedes ver la pared frente a ti. Esa pared es el problema, y los péndulos intentan que sigas mirando solo hacia esa dirección, que sigas pensando que no hay salida. Pero si eres capaz de relajarte y dejar de alimentar el péndulo del problema, podrás ver las puertas que siempre estuvieron ahí, esperando a ser abiertas.

Voy a ser muy claro: no es fácil hacerlo, y menos cuando todo parece estar en contra. Pero es precisamente en esos momentos cuando necesitamos dejar de sumergirnos en el problema y empezar a ver la situación desde una perspectiva diferente. Es lo que yo llamo "tomar distancia": actuar como si fueras un observador externo, alguien que está mirando la situación desde afuera sin involucrarse emocionalmente. En lugar de pensar "tengo que resolver esto ya, es urgente", puedes preguntarte: «¿Cuál sería la manera más sencilla de resolver esto si no tuviera prisa ni presión?» Muchas veces, la respuesta es más simple de lo que creemos, pero el péndulo del problema nos impide verla.

Imagina que estás pasando por una racha perdedora en tus operaciones. Es fácil entrar en un estado de frustración, donde cada nueva pérdida se siente como una confirmación de que "todo está mal". Esta mentalidad fija tu atención en el problema y te mantiene atrapado en una espiral negativa. Pero si en lugar de enfocarte en cómo salir del laberinto, decides relajarte, tomar una pausa y observar con calma, tal vez podrías ver que la solución no es tan complicada: puede ser que solo necesites ajustar tu estrategia, reducir el tamaño de tus posiciones o incluso darte un descanso para aclarar la mente.

La clave aquí es desapegarse del problema y no dejar que te consuma. Al "tomar distancia", te permites ver la situación con ojos frescos, y muchas veces la solución aparece de forma natural. Es como si dejaras de golpear la cabeza contra la pared y simplemente te dieras la vuelta para ver que hay una puerta justo al lado. La solución siempre estuvo ahí, solo que el péndulo te mantenía mirando en la dirección equivocada.

Bruce Kovner es uno de los operadores más exitosos y respetados de la historia. Fundador de Caxton Associates, una de las firmas de inversión más rentables del mundo, Kovner se destacó por su capacidad para operar con futuros y divisas con una extraordinaria habilidad para gestionar el riesgo. A pesar de ello, no siempre tuvo el éxito garantizado, y una de sus primeras grandes lecciones ocurrió cuando apenas comenzaba su carrera en el *trading*.

En la década de 1970, cuando Kovner estaba dando sus primeros pasos como *trader*, realizó una operación que casi lo llevó a la quiebra. Invirtió en contratos de futuros de soja con una gran confianza en que el precio seguiría subiendo. Inicialmente, la operación fue muy exitosa y los precios de la soja comenzaron a subir, lo que le generó ganancias significativas. En ese momento, Kovner se sintió invencible, al igual que muchos operadores que se dejan llevar por una racha positiva.

Sin embargo, la realidad cambió rápidamente. Los precios de la soja comenzaron a caer drásticamente debido a noticias imprevistas. Kovner, que hasta ese momento había sido emocionalmente reactivo y había experimentado pánico, se enfrentaba a la posibilidad de perder no solo sus ganancias, sino también su capital inicial. Fue entonces cuando, en lugar de seguir alimentando el péndulo del miedo, decidió dar un paso atrás y "tomar distancia" de la situación.

Kovner se forzó a salir de la trampa emocional que estaba experimentando. En lugar de reaccionar impulsivamente y vender en medio del caos, decidió observar la situación con calma. Se dio cuenta de que vender en ese momento solo habría agravado sus pérdidas. Decidió mantener su posición con una gestión de riesgos estricta, sabiendo que los precios podrían estabilizarse. Al final, la tendencia revirtió su dirección, y no solo pudo minimizar sus pérdidas, sino que obtuvo ganancias cuando los precios se recuperaron.

Lo que Kovner aprendió en ese momento, y lo que lo separó de la mayoría de los inversores, fue su capacidad para no dejarse arrastrar por las emociones colectivas y los patrones emocionales del entorno financiero. Su habilidad para desconectarse emocionalmente, observar el panorama con objetividad y ajustar su estrategia en lugar de actuar por impulso fue lo que le permitió convertirse en uno de los operadores más exitosos de la historia.

Este ejemplo de Kovner ilustra perfectamente cómo aplicar el concepto de "tomar distancia" frente a problemas aparentemente imposibles. En lugar de permitir que el miedo lo dominara, él fue capaz de detenerse, relajarse y evaluar la situación desde una perspectiva externa, lo que le permitió encontrar una solución lógica y rentable. Esta lección no solo es aplicable al *trading*, sino a cualquier situación donde los péndulos intenten arrastrarnos hacia decisiones impulsivas o basadas en el miedo.

Otro consejo práctico es utilizar la imaginación y el sentido del humor para aliviar la tensión que generan estos problemas. Imagina que el entorno financiero es como un mar lleno de pingüinos que andan de un lado a otro sin sentido, y tú eres otro pingüino, navegando entre ellos. Esta imagen puede parecer absurda, pero precisamente por eso ayuda a romper la seriedad del problema y a verlo desde una perspectiva menos estresante. A veces, liberar la tensión es todo lo que necesitas para encontrar una solución.

Finalmente, recuerda que el verdadero problema no es el obstáculo en sí, sino cómo lo percibimos. La mayoría de las veces, los péndulos quieren que pensemos que estamos atrapados, que no hay solución fácil y que debemos seguir dando vueltas en el mismo lugar. Pero tú tienes la capacidad de mirar más allá, de ver las puertas que siempre han estado ahí y de tomar distancia frente a la situación, actuando desde un lugar de calma y claridad.

Al final, ser un *trader* exitoso no se trata solo de ganar operaciones, sino de saber cómo enfrentar los problemas sin dejar que te consuman. No es una cuestión de luchar más fuerte, sino de aprender a mirar con otros ojos y encontrar la salida más sencilla cuando todo parece complicarse. Eso es "tomar distancia", eso es liberarse del péndulo, y esa es la clave para encontrar soluciones fáciles a problemas que parecían imposibles.

El Estado suspendido

Cuando logras liberarte de la influencia de los patrones emocionales destructivos, experimentas una sensación de alivio y una libertad recién descubierta. Te desprendes del miedo, la avaricia, la presión social, y por fin parece que puedes operar sin esas cargas emocionales que antes te perseguían. Por otro lado, este nuevo estado puede traer consigo una sorpresa: te encuentras en una especie de vacío, como si estuvieras suspendido en el aire.

Esto ocurre porque, una vez que dejas de alimentar a los péndulos con tu energía e ir en la dirección que te imponían, pierdes el impulso de luchar constantemente. Ya no te sientes arrastrado por las corrientes emocionales del entorno financiero, pero al mismo tiempo, puedes notar que ya no tienes un objetivo claro o una dirección hacia la cual avanzar. El estrés y la ansiedad que antes dominaban tu vida como *trader* comienzan a desvanecerse, pero también te das cuenta de que ya no estás en el centro de la acción, no te sientes tan involucrado en lo que ocurre a tu alrededor.

Es un estado interesante, porque aunque has ganado libertad, también puedes sentirte un poco desconectado. Imagínate que antes estabas corriendo en una rueda de hámster, siempre luchando por seguir el ritmo, pero ahora te encuentras fuera de esa rueda, con la posibilidad de caminar hacia donde quieras. El problema es que, al salir de la rueda, puede parecer que no tienes un destino concreto al que dirigirte.

Esto es algo que muchos operadores experimentan cuando logran desapegarse de las emociones del sistema financiero. La presión externa disminuye; no obstante, no siempre es reemplazada por nuevos objetivos o un propósito más claro. Es como cuando los grandes inversores alcanzan cierto nivel de éxito y estabilidad: han dejado de preocuparse por las oscilaciones del sector o por las emociones de los demás, pero a veces se encuentran con una sensación de «¿Y ahora qué?». Ya no tienen las preocupaciones de antes, pero tampoco tienen la motivación inmediata que les impulsaba a seguir operando.

El Arte del Trading Cuántico ∞ John Carballar

El *trader* legendario Ed Seykota alcanzó una enorme independencia financiera y emocional en su carrera. Después de lograr grandes éxitos, llegó un momento en que se alejó de las operaciones activas para dedicarse a otras pasiones, como la música y la filosofía. Sin embargo, Seykota siempre mantuvo la conciencia de que, aunque se había apartado de los péndulos del ámbito financiero, no podía simplemente quedarse en ese vacío. Encontró nuevas formas de motivarse, de aprender y de seguir creciendo, ahora desde un lugar de mayor desapego y libertad.

Aquí es donde entra en juego la importancia de establecer tus propios péndulos, aquellos que realmente te beneficien y estén alineados con tus metas y valores. No puedes escapar completamente de estas energías porque forman parte de la estructura misma del sistema financiero y de la vida. Pero sí puedes elegir cuáles seguir y cómo interactuar con ellos de manera consciente. Tu libertad no radica en estar completamente libre de péndulos, sino en saber identificar cuáles son útiles para ti y cuáles no.

En lugar de dejarte arrastrar por los péndulos del miedo, la avaricia o la presión social, puedes crear tus propios objetivos y alinearte con ellos de manera estratégica. Se trata de elegir activamente las líneas de vida que te acercan al éxito y la felicidad que buscas como *trader*, en lugar de seguir corriendo detrás de las metas que otros te imponen. Es un cambio de enfoque, pero uno que te permite operar desde un espacio de equilibrio y claridad.

Imagina que eres el capitán de un barco. Durante mucho tiempo, estuviste navegando en aguas turbulentas, luchando contra corrientes que te desviaban constantemente de tu curso. Ahora que te has liberado de esas corrientes, te encuentras en un mar en calma, con total libertad para decidir hacia dónde ir. El truco está en no quedarte inmóvil, en no quedarte suspendido. Necesitas establecer un nuevo rumbo, uno que esté alineado con lo que realmente quieres lograr como inversor.

Cuando descubrí esto y encontré ese silencio absoluto en mi mente, cuando el frenesí por operar se desvaneció, me di cuenta de la gran mentira que muchos "vende humos" intentan vendernos. Esa ilusión de que se puede vivir del *trading* operando solo una o dos horas al día, para luego pasar el resto del tiempo pensando en yates, viajes y autos de lujo… eso es puro marketing. La vida de un verdadero *trader* no es como nos la pintan.

Si no tienes algo más que te motive, que te impulse a seguir creciendo, operar perderá todo sentido. El castillo de arena que construiste se derrumbará, y empezarás a cuestionarte si realmente querías hacer *trading* en primer lugar. Sin objetivos claros, el *trading* se convierte en una prisión, una adicción a las emociones que genera.

Este libro nació precisamente de ese estado, de ese momento de silencio total en el que me pregunté: "¿Esto es todo?... ¿Y ahora qué?". Me di cuenta de que necesitaba algo más, algo que me motivara a seguir avanzando, para no quedarme atrapado en el vacío. El *trading* puede ser un camino de crecimiento, pero solo si encuentras un propósito más allá del simple acto de operar. Es esencial tener un motor interno que te lleve más lejos, que te impulse a convertirte en una mejor versión de ti mismo, tanto dentro como fuera del ámbito financiero.

El estado suspendido no es malo en sí mismo, pero si no eres consciente de él, puedes quedarte estancado. Para evitarlo, necesitas ser proactivo y establecer nuevos objetivos, sin dejar que los péndulos financieros vuelvan a arrastrarte. Se trata de operar desde un lugar de autonomía, de ser fiel a tu propio camino en lugar de seguir las corrientes de otros.

Resumen

- Los péndulos en el *trading* son fuerzas colectivas que influyen en el comportamiento de los operadores al alinearlos emocionalmente con una tendencia o corriente del sistema financiero.

- Un péndulo se alimenta de la energía de los inversores, manteniéndolos atrapados en patrones de comportamiento colectivo, como el pánico en una caída de los mercados o la euforia en una burbuja especulativa.

- Los péndulos destructivos en el *trading* desvían a los operadores de sus metas personales, empujándolos a tomar decisiones basadas en emociones, como el miedo o la avaricia, en vez de basarse en análisis objetivos.

- Los grandes inversores, como Warren Buffett y Bruce Kovner, han aprendido a operar independientemente de los péndulos financieros, tomando decisiones basadas en su propia estrategia, en lugar de seguir a la multitud.

- Para liberarse de los péndulos destructivos, es necesario operar con objetividad, seguir un plan claro y desapegarse emocionalmente de los resultados.

- Los péndulos financieros pueden hacer que los operadores obtengan lo que no quieren. Al reaccionar con miedo o frustración a un movimiento adverso, el *trader* se sintoniza con la frecuencia de ese péndulo y contribuye a perpetuar el problema.

- El péndulo puede hundirse o extinguirse cuando el *trader* actúa de manera inesperada, rompiendo el guion establecido y cambiando su reacción habitual ante la situación.

- Resolver problemas es más fácil cuando el *trader* deja de sumergirse en el problema y lo observa con desapego. Esto le permite ver soluciones sencillas que el péndulo del problema ocultaba.

- Es crucial evitar caer en un estado suspendido una vez que se ha logrado la libertad de los péndulos destructivos. Esto implica definir nuevos objetivos y seguir avanzando hacia metas propias, en lugar de quedarse en la inacción.

- La clave para ser un *trader* consciente es reconocer la influencia de los péndulos y actuar desde un lugar de claridad y balance mental, evitando ser arrastrado por las emociones colectivas.

Capítulo III

La ola de la Fortuna

Hay momentos en los que parece que todo sale bien. Los mercados se alinean a tu favor, los movimientos son exactamente lo que esperabas, y las oportunidades parecen multiplicarse. A esto Vadim lo llama «la ola de la fortuna», y quiero que pienses en ella como esa racha positiva que, de manera natural, se presenta de vez en cuando y que puede llevarte a una serie de éxitos.

La ola de la fortuna es una fuerza que, a diferencia de los péndulos, no está interesada en tu energía ni en manipular tus emociones. Es como una ola del mar que llega para llevarte de manera suave y sin esfuerzo a la orilla, si decides flotar con ella. En el *trading*, esto ocurre cuando un conjunto de circunstancias favorables se presenta de manera espontánea y te permite aprovechar el impulso sin la sensación de estar luchando contra el mercado.

Es importante entender que, al igual que los péndulos, la ola de la fortuna no tiene un interés particular en tu éxito o fracaso. No va a quedarse esperando por ti, ni va a forzarte a seguirla. La ola simplemente pasa, y eres tú quien decide si quieres montarte en ella o dejarla ir. Piensa en esos momentos en que una noticia positiva favorece la acción o criptomoneda que ya habías comprado, y de repente el precio sube rápidamente, permitiéndote recoger beneficios de manera casi sin esfuerzo. Esto es la ola de la fortuna en acción.

Un caso interesante de este tipo de fenómeno es el de George Soros, conocido por su habilidad para anticipar movimientos macroeconómicos. Durante el episodio conocido como «Miércoles Negro» en 1992, Soros reconoció las debilidades del Banco de Inglaterra y la sobrevaluación de la libra esterlina. En lugar de intentar predecir cada movimiento del mercado,

El Arte del Trading Cuántico ∞ John Carballar

Soros se posicionó de manera que pudiera aprovechar la oportunidad si las condiciones se alineaban a su favor. Cuando finalmente se dio la devaluación, Soros estaba listo, fluyó con el evento y obtuvo una ganancia masiva. No intentó manipular las circunstancias, sino que se dejó llevar por la ola de la fortuna, y esa capacidad de reconocer el momento adecuado fue clave para su éxito.

La clave para beneficiarte de la ola de la fortuna es aprender a reconocer esos momentos y no sabotearte. Muchas veces, cuando tenemos una buena racha, el miedo a perder o la sensación de que es "demasiado bueno para ser verdad" nos impide aprovecharla completamente. Esta situación se traduce en cerrar posiciones demasiado pronto debido a la incertidumbre acerca de una corrección o evitar riesgos cuando el contexto parece favorable. Es fundamental que, cuando te encuentres en medio de una ola de fortuna, confíes en el proceso y te dejes llevar, sin intentar controlar cada detalle.

Esto no significa actuar de manera imprudente. Fluir con la ola implica también mantener un sentido de equilibrio y tener en cuenta que las condiciones favorables no duran para siempre. Es importante saber cuándo tomar ganancias y cómo protegerte ante posibles cambios. A pesar de ello, también es esencial evitar las dudas excesivas o el autosabotaje que nos lleva a alejarnos de las oportunidades simplemente porque todo parece estar yendo demasiado bien.

Piensa en la ola de la fortuna como ese viento favorable que sopla en tus velas cuando navegas. Puedes ajustar las velas y aprovecharlo al máximo, o puedes ignorarlo, preocuparte por posibles tormentas y mantenerte inmóvil. Reconocer y aprovechar la ola de la fortuna puede ser la diferencia entre una simple operación exitosa y una serie de eventos que te lleven a un nuevo nivel de logros.

Otra analogía interesante es pensar en el surfista que espera la ola perfecta. Cuando ve la ola venir, se prepara, toma impulso, y se sube a ella con confianza, dejando que la energía de la ola lo lleve hacia la orilla. No lucha contra la ola, ni intenta controlarla; simplemente se alinea con ella y la aprovecha. Cuando te encuentras en una racha positiva, debes actuar como ese surfista, preparado para aprovechar la energía que te lleva hacia delante sin resistencia ni miedo.

La verdadera habilidad está en saber mantenerte lo suficientemente despejado de los péndulos destructivos que intentan desviarte, y estar atento a esas olas de buena fortuna que pasan de vez en cuando. Si las reconoces y te permites surfear con ellas, podrás experimentar un crecimiento inesperado y, sobre todo, sin el desgaste emocional que implican las luchas constantes contra el mercado.

Es importante también que no confundas la ola de la fortuna con la suerte pasajera. La suerte puede aparecer de manera espontánea, pero la ola de la fortuna es una alineación de eventos que puedes identificar y aprovechar de manera consciente. Requiere que estés presente y atento a las señales del mercado, que confíes en tu análisis y que no permitas que el miedo te detenga. Es saber que, aunque no puedas controlar todas las variables, puedes maximizar tus posibilidades al estar en el lugar y momento adecuados, con la actitud correcta.

Antípoda al péndulo: No hay péndulos constructivos

Ahora que hemos explorado la ola de la fortuna, es importante entender qué la hace diferente de los péndulos. Estas energías son entidades colectivas que se alimentan de la energía de quienes se adhieren a ellos. La mayoría de los péndulos son destructivos porque buscan controlar nuestras acciones y emociones para obtener energía, sin importar si nos llevan a tomar decisiones perjudiciales para nosotros mismos.

Una pregunta válida sería: ¿existen péndulos que sean constructivos? La respuesta es compleja, porque un péndulo solo puede considerarse constructivo en relación consigo mismo, pero no necesariamente para sus adherentes. Esto significa que, aunque una estructura pueda parecer positiva —como un club de deportes o una comunidad de aprendizaje—, sigue requiriendo la energía de sus miembros para mantenerse activa y en movimiento.

Por ejemplo, podrías unirte a un grupo de operadores que se enfoca en una cierta estrategia. Mientras todos los miembros estén alineados y sigan contribuyendo con su tiempo y energía, el grupo prospera. Pero si en algún momento decides que esa estrategia ya no es adecuada para ti y te alejas del grupo, el péndulo pierde parte de su fuerza. Es decir, la fuerza colectiva se mantiene siempre y cuando reciba energía, pero no necesariamente está diseñado para beneficiar a sus miembros de manera individual, sino para perpetuarse.

En cambio, la ola de la fortuna no requiere de tu energía para existir. No te pide nada a cambio, simplemente se presenta y tú decides si quieres aprovecharla o no. Esto hace que la ola de la fortuna sea un fenómeno diferente y más beneficioso para el individuo, ya que no existe una relación de dependencia ni un interés oculto. Mientras que los péndulos te arrastran a su dinámica, la ola de la fortuna te impulsa sin exigencias, permitiéndote navegar hacia un estado más favorable en tu vida y en tu *trading*.

Entender esta diferencia es crucial, por el hecho de que nos permite ser conscientes de cuándo estamos siendo arrastrados por una fuerza externa y cuándo realmente estamos aprovechando una oportunidad que se nos presenta sin ataduras. La clave está en reconocer estos patrones, evitar quedar atrapado en los juegos de los péndulos, y aprender a fluir con las olas de buena fortuna cuando se presentan. Es un ejercicio de consciencia y de elección, que puede marcar la diferencia entre operar con presión constante o disfrutar de las oportunidades que el mercado tiene para ofrecer de manera natural.

En resumen, la ola de la fortuna en el *trading* es esa serie de circunstancias favorables que nos permite avanzar sin la carga emocional y el desgaste que suelen traer los péndulos. Se trata de aprovechar esos momentos, estar atentos a las oportunidades, y permitirnos fluir con el mercado sin resistencias innecesarias. La habilidad de identificar y navegar en estas olas de buena fortuna puede ser una herramienta poderosa para cualquier *trader* que busque no solo resultados financieros, sino también una experiencia de *trading* más armoniosa y gratificante.

El Bumerán: Lo que piensas, regresa a ti en el *trading*

En el mundo del *trading*, nuestras emociones y pensamientos tienen un papel mucho más poderoso del que podríamos imaginar. Muchas veces, sin darnos cuenta, alimentamos situaciones que queremos evitar simplemente porque estamos tan concentrados en ellas que se convierten en el centro de nuestra emisión de energía. Como un bumerán, esos pensamientos y sentimientos negativos vuelven a nosotros una y otra vez, llevándonos a una espiral de malas decisiones y resultados desafortunados.

Es natural que, cuando estamos operando en el entorno financiero, surjan preocupaciones, miedo o incluso frustración. Todos hemos estado presentes: el temor a perder una operación, la ansiedad de ver una tendencia en contra o la inquietud constante acerca de la volatilidad. Estos pensamientos se convierten en péndulos destructivos que no solo afectan nuestro estado mental, sino que también nos atan a resultados que, irónicamente, son precisamente los que queríamos evitar. Este es el efecto del bumerán: aquello en lo que enfocamos nuestra atención y energía regresa a nosotros, para bien o para mal.

Imagina que tienes una mala racha y constantemente piensas en cómo evitar más pérdidas. Te dices a ti mismo: "No quiero seguir perdiendo dinero, estoy harto de que cada operación salga mal". Aunque parezca que tu enfoque está en evitar el problema, lo cierto es que le estás dando energía y atrayendo más de lo mismo. Al centrarte tanto en lo que no quieres, te alineas con esa frecuencia y terminas en situaciones que reflejan esos mismos temores: más pérdidas, más frustración, más ansiedad.

Un ejemplo claro podría ser cuando un *trader* decide no perder más dinero y comienza a evitar cualquier operación que implique un riesgo mínimo. Se enfoca tanto en evitar las pérdidas que pierde de vista las oportunidades que podrían llevarle a obtener beneficios. Esta mentalidad de miedo y aversión al riesgo lo mantiene atrapado, incapaz de actuar cuando se presenta una buena oportunidad, y así, irónicamente, termina perdiendo más de lo que habría perdido si hubiera actuado con una mentalidad equilibrada y consciente.

La clave está en cambiar el enfoque. En lugar de pensar en lo que quieres evitar, empieza a pensar en lo que quieres lograr. Por ejemplo, si tu objetivo es tener operaciones exitosas, enfócate en cómo podrías mejorar tu estrategia, cómo podrías aprender de las experiencias pasadas y qué aspectos de tu plan de *trading* puedes fortalecer. Visualiza tus operaciones exitosas, piensa en los pasos que te llevarán a esos resultados y agradece cada oportunidad que se te presenta para mejorar. Esta mentalidad positiva cambiará la frecuencia de tu emisión de energía y atraerá mejores resultados, al igual que el bumerán, pero esta vez con una carga positiva.

Esto también aplica a otros aspectos de la vida cotidiana. Supongamos que vives en un lugar que no te gusta y constantemente te quejas de lo mal que está.

—Agh, los vecinos ya me tienen enfadado con su ruido todos los días, se tapó el baño y, para colmo, hay problemas con el servicio de la luz.

Es probable que, incluso si te mudas, sigas encontrando fallos en tu nuevo hogar, porque llevas contigo la misma energía negativa y enfoque en lo que está mal. Si solo te concentras en las dificultades y los riesgos, no importa cuántas estrategias nuevas pruebes o cuánto capital aumentes, siempre habrá algo que te mantenga atascado en una realidad poco satisfactoria.

La mentalidad correcta no es ignorar los problemas o actuar como si todo fuera perfecto, sino aprender a dirigir tus pensamientos de una manera que te permita alinearte con lo que realmente deseas. En lugar de pelear contra el entorno financiero o sentirte frustrado porque las cosas no salen como esperabas, acepta las circunstancias tal y como son, aprende de ellas y enfócate en las oportunidades que puedes aprovechar. Un *trader* consciente no es aquel que evita el riesgo a toda costa, sino aquel que entiende cuándo y cómo actuar sin dejarse llevar por péndulos emocionales.

Podrías pensar en esto como sintonizar una emisora de radio. Si constantemente te sintonizas en la frecuencia del miedo y la frustración, eso es lo que escucharás y lo que atraerás a tu vida. Pero si cambias de frecuencia y comienzas a transmitir pensamientos positivos y enfocados en el éxito, tu realidad comenzará a reflejar ese cambio. En el *trading*, la frecuencia que eliges sintonizar determina el tipo de resultados que obtienes. Cada pensamiento es como una emisión que eventualmente regresa a ti, así que asegúrate de que lo que envías al universo sea lo que deseas recibir.

Para profundizar aún más, considera el ejemplo de Bruce Kovner, uno de los operadores más exitosos de la historia. Al principio de su carrera, Kovner experimentó pérdidas que casi lo sacaban del negocio. Pero en vez de preocuparse por perder más, decidió pensar en cada pérdida como una lección. Aprendió a gestionar el riesgo y a entender mejor los movimientos del sistema financiero. Kovner no se quedó atrapado en la frecuencia de la frustración o el miedo; en cambio, se enfocó en mejorar su estrategia y ajustar su enfoque mental hacia el éxito. Esto le permitió no solo recuperarse, sino eventualmente convertirse en uno de los operadores más reconocidos del mundo. La actitud de aprendizaje constante y la capacidad de ver más allá de los errores fue lo que lo llevó a alinearse con una frecuencia positiva y, en consecuencia, a obtener resultados extraordinarios.

Otro aspecto importante a considerar es el poder de la gratitud. A menudo subestimamos lo poderoso que puede ser simplemente agradecer lo que tenemos y lo que hemos aprendido. Incluso si no estás donde quieres estar, agradecer las lecciones que has aprendido y las oportunidades que se te presentan puede ayudarte a cambiar tu enfoque. La gratitud cambia tu frecuencia de emisión, alejándote del péndulo del descontento y llevándote hacia una mentalidad de abundancia. Cuando agradeces cada operación, sea ganadora o perdedora, estás diciendo al universo que valoras el proceso y que estás listo para recibir más de lo bueno.

La gratitud también tiene un impacto directo en cómo percibes el riesgo y las oportunidades. En lugar de ver el riesgo como una amenaza, comienzas a verlo como una parte esencial del proceso de crecimiento. Los operadores más exitosos no son los que evitan el riesgo, sino los que saben gestionarlo y verlo como una oportunidad de crecimiento. Esta actitud es la que te permite sintonizarte con una frecuencia más alta, donde la ola de la fortuna tiene más posibilidades de llevarte hacia tus metas.

Finalmente, ser consciente de tus pensamientos y cómo impactan tus resultados no es algo que suceda de la noche a la mañana. Requiere práctica constante y la voluntad de cambiar patrones de pensamiento arraigados. Cada vez que te encuentres cayendo en la trampa de pensamientos negativos, detente y redirige tu enfoque. Visualiza lo que quieres lograr, en lugar de lo que temes. Haz esto una y otra vez, hasta que se convierta en un hábito. Con el tiempo, verás cómo el bumerán de tus pensamientos regresa con resultados positivos, porque habrás cambiado la calidad de la energía que estás enviando al mundo.

En conclusión, el concepto del bumerán nos recuerda que todo lo que emitimos, ya sea energía positiva o negativa, volverá a nosotros eventualmente. Si quieres que tu experiencia en el *trading* sea satisfactoria y productiva, empieza por controlar tu mente, alineando tus pensamientos con lo que quieres lograr, no con lo que temes. Al hacerlo, dejarás de alimentar los péndulos destructivos y empezarás a crear un entorno propicio para tu propio éxito. La mentalidad positiva es la clave para atraer las oportunidades correctas y para crecer en este camino lleno de desafíos.

Lo que piensas y sientes tiene un impacto profundo en los resultados que obtienes. Tu estado mental, ya sea positivo o negativo, se refleja en la manera en la que operas y, en consecuencia, en las decisiones que tomas en el ámbito del *trading*. A lo largo de la jornada, es muy fácil caer en la rutina de enfocarse en lo que sale mal: una operación que no fue como esperabas, una tendencia que cambió repentinamente o el constante bombardeo de noticias que afectan los mercados. Pero en lugar de dejarse llevar por estos «péndulos destructivos», es crucial desarrollar la habilidad de sintonizarte con aquello que puede ser positivo y beneficioso para ti.

Volvamos con el ejemplo en el que tu mente es como un radiorreceptor. Si sintonizas tu frecuencia en pensamientos de frustración, miedo o preocupación, esos serán los "programas" que escucharás todo el día. El mundo financiero, como la vida misma, tiene de todo: momentos de calma, tormentas inesperadas, oportunidades brillantes y también engaños disfrazados. La clave para ser un *trader* exitoso está en aprender a sintonizarte con la frecuencia de la oportunidad y no con la del péndulo del miedo o la codicia.

Imagina que estás caminando por un bosque lleno de flores y también de zarzas venenosas. Puedes elegir qué recoger: las zarzas, que representan las emociones negativas, o las flores, que simbolizan las oportunidades y la alegría de cada momento. Si constantemente te enfocas en lo que está mal, como esas zarzas, terminarás cargando con espinas que te hieren y te dificultan el camino. Pero si decides recoger las flores, verás cómo tu energía cambia y empiezas a atraer cosas positivas a tu vida. En el *trading*, recoger "flores" significa enfocarte en lo que el entorno te ofrece: las oportunidades para aprender, para crecer y para aprovechar movimientos favorables.

Veamos un ejemplo concreto. Supongamos que tienes una mala racha y cada operación parece ir en tu contra. Es fácil caer en la trampa de empezar a pensar:

— "El mercado está en mi contra, no puedo ganar, siempre pierdo, quizá es una estafa y mi bróker me hace perder a propósito".

Estos pensamientos no solo alimentan un péndulo negativo, sino que también te mantienen atado a una frecuencia que solo atraerá más pérdidas y frustración. No obstante, si decides cambiar tu enfoque y ver cada operación fallida como una lección, como un paso necesario para mejorar tu estrategia, entonces estás recogiendo flores en lugar de espinas. Estás sintonizando tu frecuencia con la ola de la fortuna, creando un estado mental donde las oportunidades comienzan a aparecer.

Otra manera de mantener una transmisión positiva es cuidando cómo reaccionas a la información que recibes. Las noticias malas y la información sensacionalista tienden a captar nuestra atención porque juegan con nuestro instinto de supervivencia, generando miedo o euforia. Estos impulsos emocionales pueden ser extremadamente peligrosos.

En lugar de reaccionar a cada titular o fluctuación del mercado, intenta mantener una postura de observador. Recibe la información sin dejar que controle tus emociones. En cambio, cuando encuentres una buena noticia, una oportunidad o incluso un pequeño avance, pon tu atención en ella. Analízala, dale solo la importancia necesaria y deja que esa energía positiva sea la que guíe tus decisiones.

Al igual que un surfista que espera la ola perfecta, en el *trading* necesitas tener paciencia y claridad para reconocer las olas de la fortuna cuando aparecen. Si estás constantemente preocupado por pequeñas olas que te desequilibran, nunca podrás surfear la ola grande que te llevará a la orilla del éxito. Para estar preparado, debes mantener un estado mental positivo y una actitud de expectativa hacia lo bueno. Esto no significa ignorar los riesgos, sino aprender a ver más allá de ellos y reconocer las oportunidades.

El estado mental adecuado también implica estar preparado para los desafíos. Imagina a un capitán de barco navegando en aguas turbulentas. Si el capitán se enfoca solo en el peligro de las olas, perderá la oportunidad de dirigir su barco hacia aguas más tranquilas. De manera similar, como *trader*, necesitas mantener la calma y el enfoque en tus objetivos, incluso cuando las condiciones del mercado sean adversas. Cada tormenta eventualmente pasará, y si mantienes la dirección correcta, encontrarás la oportunidad de navegar en aguas más favorables.

Ser un transmisor de energía positiva no solo se trata de recibir lo bueno, sino también de proyectarlo. Un inversor que mantiene una actitud positiva y un enfoque sereno transmite esa energía al entorno y a los que lo rodean. Imagina que cada pensamiento y cada emoción que tienes es como una semilla que plantas en tu entorno. Si cultivas semillas de incertidumbre, temor o frustración, generarás más circunstancias que alimenten estas emociones. Pero si plantas semillas de confianza, paciencia y optimismo, verás cómo comienzan a florecer oportunidades que reflejan esa energía.

Es importante también comprender que el mundo del *trading* está lleno de altibajos, y lo que determina tu éxito no es evitar los momentos bajos, sino cómo decides enfrentarlos. Piensa en los grandes operadores que, en medio de tendencias bajistas, se mantuvieron firmes y aprovecharon las caídas para construir posiciones sólidas. Warren Buffett siempre ha enfatizado la importancia de ser "codicioso cuando otros tienen miedo". Esta filosofía se basa en no dejarse influenciar por el pánico colectivo, sino en identificar oportunidades donde otros solo ven peligro. Esta es una forma de sintonizarte con la ola de la fortuna, incluso cuando el ambiente general parece negativo.

Recuerda también la importancia de la consistencia. No basta con transmitir energía positiva una sola vez; necesitas hacerlo todos los días. Mantén la actitud correcta cada mañana antes de comenzar tu jornada de *trading*. Algunos operadores exitosos usan rituales como la meditación, la visualización de objetivos o simplemente repasando un plan de acción claro antes de abrir sus plataformas. Estas prácticas ayudan a mantener la mente en el estado adecuado y a evitar caer en las trampas de los péndulos destructivos que puedan surgir durante el día.

En conclusión, para tener éxito es fundamental aprender a controlar nuestra emisión de energía mental. Al enfocarte en lo positivo, en las oportunidades, y al aprender a dejar de lado lo negativo, estarás creando una frecuencia que atraerá el éxito. Recuerda que el *trading* no es diferente al resto de la vida: aquello en lo que pones tu atención y energía es lo que termina creciendo. Sintoniza la frecuencia correcta y deja que la ola de la fortuna te lleve hacia tus metas. La disciplina mental y el enfoque positivo son herramientas poderosas que, bien utilizadas, te permitirán navegar incluso los mares más agitados y encontrar el éxito que buscas.

Rituales de preparación: Alineándote con la Ola del Éxito en el *Trading*

En el mundo del *trading*, así como en muchas otras áreas de la vida, la forma en la que nos preparamos y las creencias que alimentamos pueden tener un gran impacto en nuestro desempeño. A veces, los pequeños rituales que adoptamos, sin darnos cuenta, funcionan como una especie de "sintonizador" que nos ayuda a conectarnos con una frecuencia positiva y alinearnos con la ola de la suerte. Estos actos simbólicos, aunque no tengan un impacto directo en el entorno financiero, pueden cambiar nuestra mentalidad y ayudarnos a fluir mejor con las circunstancias que nos rodean.

Pensemos, por ejemplo, en los vendedores que tienen ciertos "rituales" al comenzar su día, como hacer un descuento al primer cliente para atraer más ventas. En el fondo, lo que buscan es alinearse con una frecuencia positiva desde el principio del día. Si logran hacer una primera venta exitosa, esto les da confianza y les permite entrar en una especie de racha de buena fortuna. Este tipo de rituales no tienen magia en sí mismos, pero permiten a la persona ajustar su mentalidad hacia el éxito.

En el *trading*, esto también se aplica. Los operadores experimentados suelen desarrollar rutinas diarias que los ayudan a sentirse alineados con una mentalidad ganadora. Puede ser algo tan simple como preparar un café mientras revisan sus gráficos, hacer ejercicios de respiración antes de empezar a operar, o incluso escribir afirmaciones sobre sus metas del día. Estos rituales no afectan directamente las dinámicas del mercado, pero sí tienen un gran impacto en cómo el *trader* se siente y cómo se comporta durante las operaciones.

Pensemos en un ejemplo específico. Stanley Druckenmiller, conocido por su capacidad de leer tendencias macroeconómicas, siempre habla de la importancia de prepararse psicológicamente antes de cada sesión. Aunque no lo mencione como un «ritual mágico», su enfoque de revisar todos los detalles y entrar en un estado mental de confianza podría considerarse una forma de sintonizarse con la frecuencia del éxito. Si empezamos el día con claridad mental, ya hemos dado un gran paso para aprovechar la ola de la fortuna.

Otra práctica que muchos operadores usan son las afirmaciones positivas. Antes de comenzar su jornada, se dicen a sí mismos frases como "Estoy calmado y tengo claridad para operar", "Confío en mi estrategia y en mis decisiones" o "Estoy alineado con las oportunidades del día". Al igual que los vendedores que rozan sus productos con dinero creyendo en una venta exitosa, estas afirmaciones ayudan a programar nuestra mente para actuar desde un estado de confianza y sintonía con las oportunidades. No es magia, es simple psicología: cuando crees en lo que haces, transmites esa confianza, y tanto tú como quienes están a tu alrededor perciben esa emisión.

La clave es entender que estos rituales funcionan porque permiten que el *trader* se enfoque en el proceso y no en el resultado. Al crear una rutina que sintoniza tu mente con la frecuencia de una "ola de éxito", puedes operar con menos tensión y más claridad. Esto te hace menos vulnerable a los péndulos destructivos, que tienden a aparecer cuando estamos inseguros o frustrados.

Otra buena analogía es la del deportista que realiza su calentamiento antes de un partido importante. El calentamiento no asegura una victoria, pero ayuda al cuerpo y a la mente a estar en las mejores condiciones posibles para enfrentar el desafío. Nuestros rituales diarios cumplen una función similar. Prepararnos adecuadamente nos permite entrar en el *trading* desde una posición de equilibrio, listos para aprovechar las oportunidades cuando la ola de la fortuna pase frente a nosotros.

Además, pensemos en los pilotos de Fórmula 1 antes de una carrera. Tienen una serie de rituales y preparaciones, desde revisar cada detalle del automóvil hasta visualizar el recorrido del circuito. Estos rituales les ayudan a entrar en un estado mental óptimo, concentrado y preparado para actuar rápidamente. En el *trading*, tener una rutina de preparación antes de que comiencen las operaciones o antes de ejecutar una transacción tiene el mismo propósito: nos permite enfocarnos, reducir las distracciones y operar con confianza.

El Arte del Trading Cuántico ∞ John Carballar

También podemos mencionar el ejemplo de los antiguos navegantes que se preparaban meticulosamente antes de zarpar hacia lo desconocido. Realizaban rituales, no porque pensaran que la magia controlaría el viento, sino porque la preparación y la concentración les ayudaban a enfrentar cualquier desafío que encontraran en alta mar. Para nosotros, al igual que ellos, cada día es un viaje hacia lo desconocido, y nuestros rituales funcionan como esa preparación que nos da tranquilidad y nos permite sentirnos listos para cualquier eventualidad.

Los rituales también cumplen una función emocional importante. En un entorno como el *trading*, donde las emociones pueden ser nuestro peor enemigo, tener una rutina ayuda a mantener la calma. Los rituales nos dan una sensación de control en un ámbito que, en muchos aspectos, es impredecible. Saber que has hecho tu preparación, que has revisado todos los detalles y que has entrado en las operaciones con la mentalidad correcta, puede ser la diferencia entre una transacción exitosa y una llena de errores impulsivos.

En resumen, no se trata de confiar ciegamente en un «rito mágico» o en una superstición. Más bien, se trata de utilizar pequeñas acciones que nos ayuden a sintonizarnos mentalmente con la energía del éxito. Estos rituales nos permiten fluir con las dinámicas del mercado en lugar de luchar contra ellas, aprovechar las oportunidades en lugar de dejarlas pasar y mantenernos alejados de los péndulos destructivos que buscan desviarnos de nuestras metas. Es una cuestión de prepararse, de generar una mentalidad positiva y de permitirse entrar en esa ola de buena fortuna cuando se presenta.

La próxima vez que te enfrentes a una sesión de *trading*, reflexiona sobre cuáles son tus rituales. ¿Qué haces para entrar en el estado mental adecuado? Puede ser algo tan simple como tomarte unos minutos para respirar profundamente, revisar tu plan de operaciones o visualizar un día exitoso. Sea lo que sea, asegúrate de que te ayude a sintonizarte con esa frecuencia de éxito, porque la forma en que comienzas el día puede marcar la diferencia en cómo lo terminas. Cuando logras alinearte con la ola de la fortuna, no solo operas con más confianza, sino que también te permites disfrutar del proceso, y eso, al final del día, es lo que realmente importa.

Resumen

- La ola de la fortuna es una acumulación de circunstancias favorables en el "espacio de variantes" del *trading*. Se presenta como una serie de eventos positivos que pueden impulsar nuestro éxito en las operaciones.
- La cascada de oportunidades sigue solo si el primer éxito genera confianza y entusiasmo en el *trader*, sintonizándolo con la frecuencia del éxito.
- Los péndulos destructivos intentan alejarte de la ola de la fortuna, llenando tu mente de dudas y emociones negativas.
- El desapego de los péndulos te da la libertad de tomar decisiones conscientes y alinearte con la ola de la buena fortuna, maximizando tus oportunidades de éxito.
- Aceptando y transmitiendo energía negativa, te mantienes atrapado en líneas de vida poco favorables; al transmitir energía positiva, creas un entorno que favorece tus objetivos en el *trading*. Tus pensamientos regresan siempre a ti como un bumerán: lo que emites hacia el mundo de las inversiones, vuelve.
- La constancia en recordar tus objetivos y en sintonizarte con una energía positiva es la clave para mantenerte en la cima de la ola. La práctica sistemática y la creación de rituales o rutinas ayudan a reforzar esta costumbre y te mantienen alineado con el éxito en cada operación.
-

Capítulo IV
Mantén el equilibrio

En el *trading*, así como en la vida, tú sueles ser tu peor enemigo. A menudo nos creamos problemas y obstáculos innecesarios y luego nos desgastamos intentando superarlos. Pero, ¿qué pasaría si, en lugar de enfocarnos en esos problemas que nosotros mismos creamos, aprendiéramos a no generarlos en primer lugar? ¿Y si, en lugar de estar constantemente luchando, nos centráramos en mantener el equilibrio?

En la naturaleza, todo tiende al equilibrio. Si hay una diferencia en la presión atmosférica, se genera viento para nivelarlo. Si hay una diferencia de temperatura, el calor se mueve para equilibrarse. Esta ley de estabilidad es universal y afecta tanto al mundo físico como al mental. En la vida, al igual que en el *trading*, si se genera un «potencial excesivo», las fuerzas del universo actúan para restablecer el equilibrio. Y esas fuerzas pueden ser implacables.

Los «potenciales excesivos», como ya sabemos, se generan cuando damos demasiada relevancia a algo. Esto sucede cuando atribuimos cualidades exageradas, tanto positivas como negativas, a un evento o resultado. Esto ocurre cuando le damos un valor desproporcionado a una operación específica. Supongamos que decides que una entrada en particular es crucial para demostrar tu valía como *trader*. Automáticamente, has creado un potencial excesivo. Has puesto demasiado peso en esa operación, y esto desestabiliza el equilibrio.

Cuanta mayor importancia le das a una operación, mayor es la tensión interna que generas. Esa tensión crea una resistencia que afecta tu claridad mental y capacidad de toma de decisiones. En el *trading*, esto se traduce en comportamientos irracionales: mover el *stop loss* por miedo a perder, tomar beneficios antes de tiempo por ansiedad o sobreoperar para recuperar una pérdida. El entorno percibe esa desestabilización y actúa como las fuerzas equiponderantes en la naturaleza, llevando el resultado hacia un desenlace que no suele ser favorable.

Para evitar caer en esta trampa, es importante que cada operación sea vista como una pequeña parte de un gran proceso, no como la única oportunidad de éxito. Los operadores que consiguen ser consistentes a lo largo del tiempo no lo logran por tener una operación ganadora excepcional, sino por mantener una estrategia que se repite con disciplina y equilibrio. Este enfoque disminuye la carga emocional y permite que cada operación se ejecute desde un estado mental más sereno.

Además, es crucial entender que cada operación es solo una estadística dentro de un gran conjunto. Los inversores exitosos tienen una mentalidad orientada a la probabilidad y a la estadística, no a la emoción de una única operación. Al reducir la importancia que se le da a cada trade individual, disminuye el potencial excesivo y se facilita la toma de decisiones racionales y bien fundamentadas.

El balance mental se rompe también cuando intentamos controlar demasiado. Es importante recordar que no podemos predecir ni controlar las condiciones del mercado; lo único que podemos controlar es nuestra reacción ante ellas. Imagina que estás al borde de un precipicio. Si comienzas a sentir demasiado miedo, generas un potencial excesivo: una parte de ti quiere alejarse del borde mientras otra siente una fuerza inexplicable que te arrastra hacia abajo.

Este es el efecto de las fuerzas del equilibrio tratando de eliminar esa tensión. Algo similar ocurre cuando intentas forzar un resultado en tus operaciones: al intentar controlar cada movimiento, únicamente generas más tensión y miedo, y el propio entorno, a su manera, te "empuja" hacia un resultado que probablemente no deseas.

En lugar de intentar controlar cada operación o resultado, una alternativa mucho más efectiva es actuar desde un estado de armonía emocional, dando cada paso con confianza pero sin desesperación. Esto significa establecer tus estrategias, definir tus niveles de entrada y salida, y luego permitir que el proceso siga su curso. Esto es lo que llamo "dejar ir" o "soltar". No se trata de ser indiferente o actuar sin cuidado, sino de no permitir que una operación consuma toda tu energía mental y emocional.

Este enfoque de soltar el control tiene también un impacto positivo en la gestión del riesgo. Los operadores que buscan controlar cada aspecto de sus operaciones suelen caer en el error de ajustar constantemente sus posiciones, moviendo sus *stop loss* o cambiando sus objetivos, lo cual puede aumentar el riesgo y las pérdidas. Aunque existen estrategias en las que es válido mover el *stop loss* para proteger una posición ya en ganancias, nunca debe ampliarse más allá de lo planeado inicialmente. En cambio, soltar la necesidad de controlar cada detalle te permite operar de manera más estructurada y confiar en tu análisis previo.

Es fundamental entender que actuar desde el equilibrio no significa ser mediocre o trabajar sin esfuerzo, sino ser impecable en lo que haces, sin generar tensión innecesaria. Impecabilidad significa cumplir con tus reglas y procesos, hacer tu análisis con rigor y ejecutar con disciplina. Pero también significa saber descansar, saber desconectarse cuando no hay oportunidades claras y no sobreoperar.

Pensemos en un inversor que opera sin apegos innecesarios. Este *trader* cumple con su plan y sigue su estrategia de manera disciplinada, pero no le da a cada operación un valor desmesurado. Al contrario, actúa desde una postura de confianza en sí mismo y en su método, sin caer en la trampa de que cada operación defina su valía como operador. Este enfoque reduce la presión, minimiza el riesgo de errores impulsivos y permite al *trader* mantenerse alineado con su "ola de fortuna".

La impecabilidad también implica estar presente en cada momento de la operación sin la carga de expectativas desmedidas. Cuando actúas con impecabilidad, no estás persiguiendo la perfección, sino que estás haciendo lo mejor posible con la información y herramientas que tienes. Esta mentalidad no solo mejora tu desempeño, sino que también reduce el desgaste emocional que surge al intentar alcanzar un nivel inalcanzable de perfección.

Ser impecable también significa ser honesto contigo mismo sobre tus límites. Es importante saber cuándo es momento de hacer una pausa y cuándo es momento de actuar. A veces, la mejor decisión que puedes tomar como inversor es no hacer nada. Esto es parte de la impecabilidad: reconocer que el mercado no siempre presenta oportunidades claras y que, en esos momentos, la inacción es la mejor acción.

Es común observar cómo algunos operadores trabajan hasta el agotamiento, operan sin descanso, se sumergen completamente en su actividad, y, no obstante, los resultados no llegan. Esta falta de resultados es a menudo el reflejo de los potenciales excesivos creados por la importancia desmesurada que le atribuyen a su desempeño. En la naturaleza, la rigidez es sinónimo de fragilidad, mientras que la flexibilidad permite la adaptación y la supervivencia. Del mismo modo, en el *trading*, aquellos que son demasiado duros consigo mismos y que no permiten cierta flexibilidad acaban generando una resistencia que les impide avanzar.

La solución radica en enfocarse en el proceso, en lugar del resultado. Si logras ser impecable en la ejecución de tu estrategia, en seguir tus reglas y en gestionar adecuadamente tu riesgo, entonces estás haciendo tu parte. El resto depende de factores que no puedes controlar. Esta mentalidad te permite operar desde un estado de armonía emocional, donde ya no hay potenciales excesivos que desestabilicen tu energía.

Fluir en el *trading* también significa aceptar que habrá momentos de incertidumbre y que no siempre se tendrá la razón. Aceptar el hecho de que las condiciones son impredecibles te permite soltar la necesidad de estar siempre en lo correcto y, en cambio, enfocarte en cómo gestionar lo que el entorno te ofrece. Esta flexibilidad mental es lo que diferencia a los operadores que sobreviven y prosperan de aquellos que se queman rápidamente.

Aprender a fluir también implica adaptarse a las diferentes situaciones que se presentan. No todos los días son adecuados para operar; hay momentos de alta volatilidad y otros de consolidación, y es importante saber cuándo aprovechar una oportunidad y cuándo mantenerse al margen. Esta capacidad de adaptación es clave para mantenerse en el juego a largo plazo.

Es fundamental recordar que el *trading* es solo una parte de tu vida, no toda tu vida. Atribuirle demasiada importancia puede hacer que otras áreas relevantes, como la salud, las relaciones y el bienestar personal, se vean afectadas negativamente. Un *trader* equilibrado sabe cuándo alejarse de las operaciones, cuándo tomar un descanso y cuándo enfocarse en otras actividades que lo llenen de energía y felicidad. Esta perspectiva permite mantener un estado mental más saludable, lo cual se traduce en una mejor toma de decisiones cuando vuelve a operar.

Otro punto importante es evitar compararte con otros operadores. Cada uno tiene su propio camino, y lo que funciona para uno no necesariamente funcionará para otro. La comparación constante es otra fuente de potencial excesivo que genera tensión y frustración. En lugar de enfocarte en lo que otros están haciendo, concéntrate en tu propio progreso y en cómo puedes mejorar tus habilidades y procesos. Mantén la vista en tu propia evolución y aprende a valorar tus logros, por pequeños que sean.

Una perspectiva saludable también implica entender que las pérdidas son parte inevitable del proceso. Los mejores operadores del mundo pierden dinero en algunas operaciones, pero no permiten que esas pérdidas definan su carrera. Ven las pérdidas como oportunidades de aprendizaje, evalúan lo que salió mal y ajustan sus estrategias para evitar cometer los mismos errores en el futuro.

Descontento y autocrítica

El descontento con uno mismo es una trampa frecuente en la que muchos operadores caemos. Esto se manifiesta como insatisfacción con los propios logros o cualidades y en una lucha constante contra las imperfecciones personales. Todos tenemos defectos y es natural ser conscientes de ellos, pero cuando los defectos se vuelven el centro de nuestra atención, terminan generando un "potencial excesivo".

Este concepto implica que dedicamos tanta energía a nuestras deficiencias que, inevitablemente, el balance mental se rompe, y el resultado suele ser lo contrario de lo que deseamos. Cuanto más luchamos contra nuestras propias imperfecciones, más aumentamos ese potencial, y las fuerzas que intentan equilibrarlo suelen hacerlo de formas que no siempre nos favorecen.

Piensa en un *trader* que está constantemente frustrado porque no puede evitar sentir miedo durante una operación. Ese miedo se convierte en su enemigo, y trata de reprimirlo, ocultarlo o luchar contra él. El resultado es que se vuelve más ansioso, sus decisiones empeoran y su operativa se ve afectada por ese constante intento de esconder su vulnerabilidad. Es como cuando alguien trata de disimular que está nervioso durante una presentación pública: cuanto más lucha contra el nerviosismo, más evidente se hace y más difícil resulta controlarlo.

Es un círculo vicioso donde la lucha interna solo intensifica el problema, afectando no solo la capacidad de concentración sino también el rendimiento general. Este fenómeno no es exclusivo del *trading*; cualquier persona que trate de luchar contra sus emociones sabe lo agotador que puede ser este proceso.

La clave aquí no es ignorar nuestras imperfecciones, sino aceptarlas. Si reconocemos que el miedo es parte del proceso y lo observamos sin juicio, ese miedo pierde poder. La energía que antes se destinaba a la lucha se libera, y podemos enfocarla en mejorar otros aspectos de nuestro *trading*, como nuestro análisis técnico o la gestión del riesgo.

Es como un jardinero que decide dejar de luchar contra las malas hierbas y, en su lugar, se enfoca en nutrir y fortalecer las plantas saludables; al hacerlo, las malas hierbas pierden protagonismo y el jardín se vuelve más vigoroso. Imagina que, en lugar de enfocarte constantemente en los errores que cometes durante tu análisis, decides dedicar más tiempo a reforzar tus estrategias efectivas. Poco a poco, los errores pierden relevancia y tu operativa se fortalece. Esto no quiere decir que los errores desaparecerán, sino que la energía que antes gastabas en castigarte se convierte en una herramienta para aprender y mejorar.

En la vida cotidiana, también podemos ver ejemplos de cómo aceptar nuestras imperfecciones nos libera del peso de la lucha interna. Piensa en una persona que se siente incómoda con su apariencia física. Cada vez que intenta ocultar o luchar contra esos sentimientos, se siente más tensa e insegura. Por otro lado, cuando acepta sus imperfecciones y se enfoca en lo que sí puede mejorar, como su salud y bienestar general, comienza a sentirse más en paz consigo misma.

Esa aceptación transforma la energía que antes gastaba en autocriticarse en una fuente de motivación para hacer cosas positivas. Del mismo modo, un *trader* que se enfoca en lo que puede controlar, como su preparación y disciplina, y acepta aquello que no puede, como la volatilidad del entorno, estará mejor posicionado tanto mental como emocionalmente para operar.

Cuando estamos insatisfechos con nuestros logros, pero en una medida que nos impulsa a mejorar sin autocastigarnos, el equilibrio se mantiene. Esa insatisfacción leve es el combustible para la autoperfección. Sin embargo, cuando la insatisfacción se convierte en reproche y autocrítica constante, surge un conflicto entre nuestra mente y nuestra esencia. El alma, que es nuestra parte más pura y libre, no entiende de juicios; simplemente es.

La mente, por otro lado, suele imponernos expectativas y exigencias que, cuando no se cumplen, se traducen en críticas despiadadas hacia nosotros mismos. Este conflicto interno puede ser devastador para un *trader*, llevándolo a un estado de bloqueo emocional y mental. Es importante reconocer que la autocrítica excesiva solo conduce a la parálisis y al agotamiento, y no contribuye de manera positiva al crecimiento personal.

Para evitar esta situación, es esencial perdonarnos nuestras imperfecciones. Si aún no puedes amarte tal y como eres, al menos deja de luchar contra ti mismo. Aceptarte es el primer paso para que tu esencia y tu mente trabajen juntas, en lugar de estar en constante oposición. En el contexto del *trading*, esto significa permitirte cometer errores sin castigarte por ellos. Piensa en un niño que está aprendiendo a caminar: cada vez que se cae, se levanta y lo intenta de nuevo, sin recriminarse por haber tropezado.

De la misma forma, como operadores, debemos aprender a levantarnos de cada error, tomando la lección sin el peso de la culpa. Cada error puede verse como un paso hacia adelante si se aborda con una mentalidad constructiva, aprendiendo de cada caída y aplicando ese aprendizaje para mejorar la próxima vez. Esta es la diferencia entre los inversores que eventualmente logran el éxito y los que quedan atrapados en un ciclo de frustración: la capacidad de aprender y adaptarse sin quedar atrapados en el juicio personal.

Alguien podría decir: "Está bien, dejaré de luchar contra mis imperfecciones, pero ¿cómo desarrollo mis virtudes? No puedo dejar de crecer como persona". La respuesta es simple: sigue trabajando en tus cualidades positivas sin enfocarte en destruir tus defectos. Cuando dejas de gastar energía en luchar contra ti mismo, toda esa energía se canaliza hacia el desarrollo de tus capacidades.

En lugar de obsesionarte con no ser lo suficientemente valiente, por ejemplo, enfócate en desarrollar una mejor estrategia de *trading* que te dé la confianza que buscas. Es como si, en lugar de intentar eliminar la oscuridad de una habitación, simplemente encendieras una luz. Esta analogía es fundamental: la oscuridad no se combate directamente, sino que se ilumina. Enfocarse en las virtudes y en lo positivo permite que las áreas menos desarrolladas pierdan peso.

Este enfoque parece trivial, pero muchos operadores desperdician una enorme cantidad de energía luchando contra sí mismos, tratando de ocultar sus inseguridades o forzándose a ser alguien que no son. Se condenan a llevar una carga pesada, como si fueran titanes sosteniendo el cielo. Pero cuando se permiten ser quienes son, esa carga se aligera y la vida, y el *trading*, se vuelven mucho más simples. La energía que antes se destinaba a la lucha interna se redirige al desarrollo de habilidades y a la mejora continua. Imagina que intentas constantemente nadar contra la corriente: el esfuerzo te agota y apenas avanzas.

No obstante, si aprendes a moverte con la corriente, utilizando su fuerza a tu favor, el recorrido se vuelve mucho más fluido y menos desgastante. Esto no significa que debas aceptar pasivamente todo lo que ocurre; más bien, se trata de reconocer cuándo es más sabio fluir con la situación y cuándo es necesario actuar con determinación.

Un aspecto importante del descontento es cómo afecta nuestra relación con el mundo exterior. Si estamos descontentos con nosotros mismos, creamos un conflicto interno; pero si estamos descontentos con el mundo, entramos en conflicto con los "péndulos", esas fuerzas externas que se alimentan de nuestra energía negativa. Al igual que en el *trading*, si continuamente nos quejamos de las condiciones del entorno o de lo injusto que es el movimiento de los precios, entramos en una espiral negativa que nos lleva a operar desde un lugar de frustración y enojo.

Esto nos hace vulnerables y nos aleja de las mejores oportunidades, ya que nuestras decisiones están condicionadas por emociones destructivas. Las quejas sobre las condiciones suelen ser una forma de ceder poder a las circunstancias externas, lo cual es extremadamente contraproducente. Cuando permitimos que el entorno tenga el control absoluto de nuestras emociones, perdemos nuestra capacidad de respuesta y de acción conscientes. Imagina que eres un marinero enfrentándote a una tormenta: si te centras solo en lo injusta y violenta que es la tormenta, perderás la oportunidad de maniobrar tu barco hacia un lugar seguro. Aceptar la tormenta, prepararte y ajustar tus velas te dará una mejor oportunidad de sobrevivir.

Por el contrario, si aprendemos a alegrarnos de las pequeñas cosas, incluso en momentos difíciles, emitimos una energía constructiva que nos lleva a mejores líneas de vida. Es como un *trader* que, en lugar de maldecir una pérdida, la acepta y se enfoca en lo que ha aprendido de esa experiencia. Esa actitud positiva no solo mejora su estado emocional, sino que también lo coloca en una mejor posición para aprovechar futuras oportunidades.

La clave está en sustituir el hábito de criticar por el hábito de apreciar. Cuando te encuentres en una situación difícil, busca algo bueno, por pequeño que sea. Haz de esto un juego, y con el tiempo, la costumbre de encontrar lo positivo reemplazará a la de centrarse en lo negativo. Un buen ejemplo de esto es mantener un diario de gratitud, donde al final de cada jornada anotes tres cosas positivas que sucedieron durante el día, incluso si son pequeñas.

Esta práctica cambia gradualmente la perspectiva hacia una más positiva y constructiva. Además, esta técnica no solo mejora el estado emocional, sino que también tiene un impacto directo en la calidad de nuestras decisiones de *trading*, ya que nos permite mantener la mente clara y enfocada en lo que realmente importa.

Otro punto a tener en cuenta es que la actitud positiva no significa ignorar los problemas o vivir en una burbuja de optimismo irreal. Más bien, se trata de cambiar la manera en que reaccionamos ante las dificultades. En lugar de quedarnos atrapados en el pensamiento negativo, aprendemos a aceptar la realidad tal como es y a encontrar una forma de avanzar. Es como conducir en una carretera llena de baches: puedes quejarte de cada bache, detenerte y culpar al camino, o simplemente puedes ajustar tu velocidad y dirección para llegar a tu destino de la mejor manera posible.

Esta flexibilidad y adaptabilidad son fundamentales tanto en el *trading* como en la vida cotidiana. Como operadores, debemos estar preparados para enfrentar momentos de alta volatilidad o eventos inesperados sin perder la compostura. En lugar de luchar contra lo inevitable, debemos aprender a adaptarnos rápidamente y a aprovechar lo que el entorno nos ofrece.

Finalmente, recuerda que todos somos huéspedes en este mundo. Nadie tiene derecho a juzgar lo que no ha creado, y esto incluye juzgarnos a nosotros mismos con dureza. En el *trading*, como en la vida, no se trata de ser una oveja sumisa, pero tampoco de enfrentarse a todo con hostilidad. Si las condiciones parecen estar en tu contra, no luches contra ellas; más bien, aprende a moverte con ellas, a aceptar sus giros y a adaptarte. Al igual que el rey Salomón, que llevaba un anillo con la inscripción "Y esto también pasará", recuerda que cada situación, buena o mala, es temporal. Mantén la calma, acepta el momento presente y sigue avanzando.

Esta aceptación no es resignación, sino una forma inteligente de abordar los desafíos sin desperdiciar energía valiosa en luchas infructuosas. Como operadores, nuestra capacidad para adaptarnos y mantenernos en movimiento, sin importar las circunstancias, es lo que realmente marca la diferencia a largo plazo. Es importante entender que la flexibilidad no es sinónimo de debilidad; es una fortaleza que nos permite enfrentarnos a situaciones difíciles con una mente clara y un corazón tranquilo, y nos posiciona mejor para aprovechar las oportunidades cuando estas se presentan.

Dependencias Emocionales en el *Trading*

Una idealización del mundo es el lado inverso del descontento. A veces, los operadores caemos en la trampa de ver todo color de rosa, y muchas cosas parecen mejores de lo que realmente son. En estos casos, se genera un «potencial excesivo», porque estamos sobrestimando una situación o creando expectativas poco realistas. Idealizar significa sobreestimar, colocar algo en un pedestal, adorar o incluso crear un ídolo. Esta idealización, aunque aparentemente inofensiva, genera una relación de dependencia que puede volverse perjudicial, especialmente en el ámbito del *trading*.

El amor que genera y dirige el mundo se diferencia de la idealización en que, paradójicamente, es impasible. El amor absoluto es un sentimiento sin derecho de posesión, una admiración sin adoración. En otras palabras, no genera relaciones de dependencia entre quien ama y el objeto de su amor. Esta fórmula tan simple puede ayudarte a determinar dónde acaba el sentimiento genuino y empieza la idealización.

Imagina que estás caminando por un valle rodeado de montañas, cubierto de verde y lleno de flores. Admiras el paisaje, respiras el aire fresco y tu alma se llena de felicidad y tranquilidad. Eso es amor. No obstante, si empiezas a arrancar las flores, a recogerlas para hacer perfumes o incluso para venderlas, creas una dependencia. Las flores ya no son simplemente parte del paisaje, sino un objeto que quieres poseer o utilizar. En ese momento, el amor puro se convierte en idealización y dependencia. Ese amor que sentías cuando simplemente contemplabas el valle desaparece. ¿Sientes la diferencia?

Este mismo concepto se aplica al *trading*. Es natural sentirse emocionado o motivado por un activo que parece prometedor, pero cuando esa emoción se convierte en una necesidad de que ese activo cumpla nuestras expectativas, caemos en la trampa de la dependencia. Muchos operadores idealizan ciertos instrumentos creyendo que siempre irán al alza, o confían ciegamente en una estrategia, esperando que funcione sin importar las condiciones del entorno. Esto crea un «potencial excesivo», una energía que, eventualmente, será equilibrada por las fuerzas del mercado, y el resultado suele ser una desilusión o pérdida.

La idealización genera expectativas que no siempre se cumplen. Cuando idealizamos una operación, un activo o incluso nuestra habilidad como operadores, estamos generando una dependencia emocional. Si el resultado no es el que esperamos, el golpe emocional es mucho más fuerte, porque no solo hemos perdido dinero, sino que también hemos visto derrumbarse nuestras expectativas. En cambio, el amor por el proceso, por aprender y mejorar cada día, nos permite disfrutar del *trading* sin depender de un resultado específico.

Piensa en cómo esta diferencia se refleja en la vida cotidiana. Imagina una relación de pareja donde uno de los miembros idealiza al otro, creyendo que siempre estará ahí, que siempre lo hará feliz y que nunca tendrá defectos. Esta idealización crea una dependencia emocional que, cuando se enfrenta a la realidad (donde todos somos humanos y tenemos fallos), genera conflicto y decepción. En una relación sana, en cambio, se ama a la otra persona tal como es, sin idealizarla, aceptando sus virtudes y sus defectos. Este amor impasible, sin expectativas irrealistas, es lo que permite que la relación sea auténtica y duradera.

Del mismo modo, como operadores, debemos aprender a amar el proceso del *trading* sin idealizar resultados. Debemos aceptar que habrá pérdidas y que las condiciones no siempre se moverán a nuestro favor. Idealizar un resultado o creer que siempre vamos a ganar crea una relación de dependencia con el entorno, y cuando este no cumple con nuestras expectativas, la desilusión y la frustración toman el control. En lugar de idealizar, debemos ser realistas y reconocer que el mercado es impredecible, y que nuestra labor es adaptarnos a sus movimientos, no intentar controlarlo.

Las relaciones de dependencia en el *trading* se caracterizan por frases como: "Si esta operación sale bien, entonces seré un buen *trader*" o "Si gano X cantidad, entonces podré ser feliz". Este tipo de pensamiento condicional crea una relación de dependencia con el resultado, que es extremadamente perjudicial. Cuando basamos nuestra autoestima o felicidad en el resultado de una operación, estamos entregando nuestro poder a circunstancias que no podemos controlar. En lugar de depender de los resultados, debemos enfocarnos en el proceso, en ser consistentes y en aprender de cada experiencia, sin importar si el resultado es positivo o negativo.

La comparación y la contraposición también rompen el equilibrio. Muchas veces, los operadores caen en la trampa de compararse con otros: "Ese *trader* tiene mejores resultados que yo, entonces yo soy menos capaz" o "Si ellos pueden hacerlo, yo también debería poder". Estas comparaciones generan un potencial excesivo que inevitablemente será equilibrado, y suele hacerlo de una manera que nos perjudica.

En lugar de compararnos, debemos centrarnos en nuestro propio camino, en nuestras propias metas y en nuestro propio crecimiento. Cada inversor tiene una trayectoria diferente, y la clave está en respetar y aceptar nuestra propia evolución sin necesidad de idealizar los logros de otros o desvalorizarnos por no estar al mismo nivel.

Todos los conflictos internos y externos surgen de la comparación y la contraposición. Cuando idealizamos o comparamos, creamos una tensión que las fuerzas equiponderantes buscarán resolver, y muchas veces esto ocasiona desilusión, conflicto o pérdida. En el contexto del *trading*, esto puede llevar a malas decisiones impulsadas por el deseo de alcanzar una idealización que no es realista. Por ejemplo, un *trader* podría arriesgar más de lo que debería porque idealiza la idea de obtener grandes ganancias rápidamente, comparándose con otros que aparentemente lo han logrado. Sin embargo, esta idealización solo lo lleva a tomar riesgos innecesarios y a perder su equilibrio emocional y financiero.

Para ilustrar esto, imagina a un atleta que se compara constantemente con otros competidores. Si su enfoque está en cómo se desempeñan los demás, inevitablemente sentirá que nunca es lo suficientemente bueno, lo que genera una presión excesiva y una pérdida de confianza en sí mismo. En el *trading* ocurre lo mismo. Compararse constantemente con otros operadores nos desvía de nuestro propio proceso de aprendizaje y nos empuja a asumir riesgos que no están alineados con nuestro plan de operaciones. La clave está en aprender a enfocarse en uno mismo, en nuestro propio progreso, sin caer en la trampa de las comparaciones innecesarias.

Por otro lado, si aprendemos a ver el entorno y nuestras operaciones de una manera más neutral, sin idealizar ni generar expectativas desmedidas, podemos operar con una mente más clara y una actitud más tranquila. Esto no significa ser indiferente o no tener aspiraciones, sino mantenernos desapegados del resultado y centrarnos en lo que podemos controlar: nuestra preparación, nuestra estrategia y nuestra disciplina. Así como el amor verdadero no intenta poseer ni controlar, el amor por el *trading* no debería basarse en expectativas imposibles ni en la necesidad de demostrar algo. Debemos aprender a disfrutar del proceso, a aceptar las pérdidas como parte del camino y a seguir adelante con serenidad y confianza.

Cuando idealizamos una situación o un activo, también tendemos a perder la perspectiva y a ignorar las señales de advertencia que podrían ayudarnos a minimizar riesgos. Por ejemplo, un *trader* que idealiza un activo puede ser reacio a colocar un *stop loss*, pensando que la operación tiene garantizado el éxito. Esto es un grave error, ya que ningún instrumento está exento de riesgos, y las condiciones pueden cambiar drásticamente en cualquier momento. En lugar de idealizar, debemos ser disciplinados y estar siempre preparados para actuar racionalmente, sin dejarnos llevar por el deseo de que nuestra visión idealizada se cumpla.

Otra forma de evitar la dependencia es mediante la práctica de la aceptación. La aceptación no es resignación, sino una actitud de reconocimiento de la realidad tal y como es, sin intentar cambiarla a la fuerza. En el *trading*, esto significa aceptar que a veces nuestras operaciones no saldrán como esperamos, y que no todo está bajo nuestro control. Al aceptar esta realidad, podemos tomar decisiones más objetivas y no dejarnos arrastrar por las emociones negativas que surgen de las expectativas incumplidas. La aceptación nos permite actuar con claridad y enfocarnos en lo que podemos hacer, en lugar de lamentarnos por lo que no podemos controlar.

Un buen ejercicio para fomentar la aceptación es llevar un diario de *trading*. En este diario, no solo se anotan las operaciones, sino también las emociones y expectativas que acompañan cada decisión. Con el tiempo, esto nos permite identificar patrones de pensamiento que nos llevan a idealizar situaciones o a generar dependencia de los resultados. Reflexionar sobre estas entradas nos ayuda a ajustar nuestra mentalidad y a adoptar una postura más equilibrada y objetiva frente a las condiciones del mercado.

Finalmente, recuerda que todos somos huéspedes en este mundo, y en el ámbito del *trading*, nadie tiene control absoluto sobre las circunstancias. No debemos idealizar ni intentar controlar aquello que está fuera de nuestro alcance. En lugar de crear relaciones de dependencia con los resultados, debemos aprender a fluir con el entorno, adaptándonos a sus movimientos y aceptando tanto las ganancias como las pérdidas. Imagina un río que fluye naturalmente, sorteando obstáculos sin detenerse.

Cuando se encuentra con una roca, no intenta moverla o luchar contra ella, simplemente se adapta, rodeándola y continuando su curso. De la misma manera, debemos aprender a ser como el río: aceptar los obstáculos sin resistencia y seguir adelante. Mantén la calma, acepta el momento presente y sigue avanzando. Esta actitud te permitirá operar con una mente clara y un corazón tranquilo, manteniendo el balance mental necesario para enfrentar los retos y aprovechar las oportunidades que se presentan.

En conclusión, debemos aprender a diferenciar entre amor e idealización. Amar el proceso del *trading* significa estar comprometidos con nuestra mejora continua, aceptar nuestras fallas y aprender de ellas, y mantener una actitud de aprendizaje constante. La idealización, en cambio, nos lleva a depender de resultados específicos y a generar expectativas poco realistas que terminan afectando nuestro bienestar emocional. La clave está en mantenernos equilibrados, aceptar lo que no podemos cambiar y enfocarnos en lo que sí está bajo nuestro control. Solo así podremos operar con claridad, confianza y, sobre todo, disfrutar del viaje que es el *trading* sin atarnos a los altibajos del mercado.

Ilusiones y exceso de confianza

Sobrevalorar significa atribuir a una persona, activo o estrategia cualidades que en realidad no posee. En el contexto del *trading*, esto puede manifestarse como ilusiones que parecen inofensivas, pero que pueden generar expectativas poco realistas. A nivel energético, esta sobrevaloración crea un «potencial excesivo», el cual surge cuando existe una diferencia significativa entre la realidad y la imagen idealizada que creamos. Este potencial, eventualmente, es equilibrado por fuerzas equiponderantes, y el resultado suele ser la desmitificación y la desilusión.

Es frecuente ver cómo los operadores sobrevaloran a ciertas figuras reconocidas, estrategias específicas o incluso ciertos activos. Imagina a un *trader* novato que comienza a seguir a un "gurú" del *trading* que promete grandes retornos. Este operador podría llegar a idealizar al gurú, suponiendo que todo lo que dice es infalible y que si sigue sus consejos, tendrá éxito asegurado. Sin embargo, tarde o temprano, la realidad se impone: el entorno es impredecible y hasta el mejor inversor tiene errores. Cuando el "gurú" se equivoca, la desilusión es inevitable, y el operador que lo idealizaba podría sentirse engañado, cayendo en la frustración y el resentimiento.

Esto es similar a la historia de Karl May, un escritor alemán conocido por sus novelas sobre el Salvaje Oeste. Karl May escribió historias increíblemente detalladas y emocionantes sobre personajes como Winnetou y Mano Segura, creando una impresión muy convincente de que él mismo había vivido esas aventuras. Sus novelas eran tan vívidas y realistas que muchos de sus lectores estaban convencidos de que May había sido un verdadero aventurero, recorriendo las tierras del Oeste y participando en innumerables peripecias. Esta idealización de Karl May como un hombre valiente y experimentado creó una imagen de él que era mucho más grande que la realidad.

No obstante, la verdad era muy distinta. Karl May nunca había estado en América cuando escribió la mayoría de sus novelas, y de hecho, algunas de sus obras fueron escritas mientras estaba en la cárcel por delitos menores. La desmitificación ocurrió cuando se reveló que May nunca había pisado el Salvaje Oeste y que sus historias eran fruto de su imaginación y su habilidad para investigar y describir lugares donde nunca había estado.

Cuando sus admiradores descubrieron la verdad, muchos se sintieron profundamente decepcionados. Habían creado una imagen de Karl May como un héroe real, y al descubrir que él nunca había vivido las aventuras que describía, esa idealización se desmoronó, llevándolos a rechazarlo e incluso a odiarlo. Esta historia nos muestra cómo la idealización puede llevar a expectativas poco realistas y, eventualmente, a la desilusión cuando la realidad no coincide con esas expectativas.

El problema de la idealización es que crea una relación de dependencia. Cuando sobrevaloramos a alguien o algo, nos volvemos dependientes de que esa persona o estrategia cumpla nuestras expectativas irreales. Si no lo hace, el golpe emocional puede ser devastador. En el *trading*, esto puede significar la pérdida no solo de capital, sino también de confianza en uno mismo. Es importante recordar que todos los operadores, incluso los más experimentados, cometen errores. Ninguna estrategia es infalible y ningún activo está garantizado para siempre ir al alza.

Otro ejemplo de sobrevaloración se da cuando un *trader* crea una imagen idealizada de sí mismo como un "experto" que siempre tomará las decisiones correctas. Esta auto-sobrevaloración lleva a que el operador tome decisiones con exceso de confianza, sin tener en cuenta los riesgos reales. La sobrevaloración de nuestras propias habilidades nos lleva a creer que tenemos el control absoluto, lo cual es un error que inevitablemente será corregido por la realidad. La sobrevaloración puede llevarnos a ignorar las reglas de gestión del riesgo, subestimar las señales negativas o mantener una posición perdedora esperando que se recupere solo porque creemos que no podemos equivocarnos.

En lugar de idealizar, debemos adoptar una actitud realista y equilibrada. El equilibrio se logra cuando reconocemos las cualidades reales de una estrategia, un activo o una persona, sin atribuirle cualidades imaginarias. Como operadores, debemos enfocarnos en hechos, datos y evidencias, no en ilusiones o falsas promesas. Es fundamental cuestionar todo, incluso a aquellos a quienes admiramos o consideramos expertos. Esto no significa ser cínicos o desconfiados, sino mantener una mentalidad crítica que nos permita diferenciar entre la realidad y la fantasía.

También es importante hablar de la sobrevaloración de ciertos activos. Durante el auge de las criptomonedas, muchos inversores idealizaron a Bitcoin u otras criptomonedas, creyendo que su valor solo podía aumentar. Esta idealización llevó a muchos a invertir sin considerar los riesgos, ignorando señales de advertencia e incluso manteniendo posiciones cuando los precios comenzaron a caer drásticamente. La historia nos enseña que ningún activo es inmune a la volatilidad, y que idealizar un activo nos ciega a los riesgos inherentes. El resultado de esta sobrevaloración suele ser una gran pérdida económica y emocional.

Otra forma en que la sobrevaloración puede manifestarse es cuando construimos castillos en el aire, idealizando un futuro sin una base real. Un *trader* podría imaginarse a sí mismo ganando millones y viviendo una vida de lujo gracias al *trading*, sin considerar los desafíos y el trabajo constante que implica ser rentable en esta actividad. Esta fantasía, aunque motivadora, puede convertirse en un obstáculo si no se complementa con un plan de acción realista y disciplina constante. Las fuerzas de la realidad siempre se encargarán de ajustar nuestras expectativas, y aquellos que viven en una fantasía constante se encontrarán enfrentando situaciones para las que no estaban preparados.

Para evitar caer en la trampa de la sobrevaloración, es importante cultivar la humildad y la aceptación de nuestras propias limitaciones. El *trading* es un proceso continuo de aprendizaje y mejora, y no hay lugar para creer que sabemos todo o que somos inmunes a los errores. La humildad nos permite aprender de nuestros fallos y crecer como operadores. Además, debemos aprender a valorar las cosas por lo que realmente son, sin exagerar sus cualidades. Es como apreciar un paisaje hermoso sin sentir la necesidad de poseerlo o cambiarlo; simplemente observar y aprender de él.

Una analogía útil para recordar este concepto es la historia de las luciérnagas en la oscuridad. En una noche sin luna, las luciérnagas emiten luz y nos impresionan con su brillo. Sin embargo, su luz es pequeña y fugaz comparada con la luz del día. Si idealizamos a una luciérnaga, podríamos pensar que es la fuente de luz más importante, pero cuando el sol sale, nos damos cuenta de que era solo una pequeña chispa en la oscuridad. No debemos idealizar aquellas pequeñas chispas de éxito o a los "gurús" que brillan momentáneamente; debemos mantener la perspectiva y entender que el entorno es complejo y mucho más grande que cualquier figura individual o estrategia puntual.

Otra analogía que nos puede ayudar a comprender este concepto es la historia de Ícaro en la mitología griega. Ícaro, deslumbrado por la idea de volar cerca del sol con sus alas hechas de cera y plumas, ignoró las advertencias de su padre y se dejó llevar por el entusiasmo de su habilidad para volar. Pero al acercarse demasiado al sol, la cera de sus alas se derritió y terminó cayendo al mar. Esta historia nos recuerda la importancia de no dejarnos llevar por el entusiasmo desmedido o la sobrevaloración de nuestras habilidades. Volar demasiado alto sin reconocer los riesgos puede tener consecuencias muy negativas. Debemos ser cautelosos y reconocer los límites que existen, sin caer en la trampa de creer que somos invencibles.

En el ámbito del *trading*, es fácil caer en la trampa de idealizar ciertos momentos de éxito y pensar que siempre se repetirán. Un ejemplo común es cuando un *trader* tiene una racha de operaciones exitosas y comienza a pensar que ha dominado el *trading*. Esta idealización del éxito pasado lleva a un exceso de confianza que puede dar como resultado grandes pérdidas. El entorno es cambiante y cada situación es única. Idealizar un resultado pasado sin tener en cuenta las condiciones actuales es un error que puede ser costoso. La clave está en entender que cada operación es diferente y que el éxito no está garantizado simplemente por haber tenido éxito antes. La humildad y la preparación constante son esenciales para evitar que las expectativas irreales nos lleven a tomar decisiones equivocadas.

Otro aspecto importante a considerar es la sobrevaloración de una única estrategia. Muchos operadores, después de experimentar éxito con una estrategia específica, tienden a idealizarla y confiar ciegamente en que siempre funcionará. No obstante, las condiciones cambian y lo que funciona hoy podría no funcionar mañana. Un *trader* que sobrevalora una estrategia puede ignorar las señales de que las condiciones han cambiado, manteniéndose rígido y sin adaptarse.

La adaptabilidad es una de las cualidades más importantes de un buen operador, y sobrevalorar una única forma de operar puede ser una barrera para esta flexibilidad necesaria. Es fundamental siempre estar dispuesto a evaluar nuestras estrategias y ajustarlas según las condiciones.

En lugar de caer en la idealización, debemos adoptar una actitud de curiosidad constante. Esto significa que, en lugar de asumir que sabemos todo lo que hay que saber sobre una estrategia, una figura reconocida o un activo, debemos estar dispuestos a aprender continuamente y a cuestionar nuestras suposiciones. La curiosidad nos mantiene abiertos a nuevas oportunidades y nos permite adaptarnos mejor a los cambios del entorno. En vez de confiar ciegamente en una estrategia, podemos probar diferentes enfoques, analizar los resultados y adaptarnos según lo que esté funcionando mejor en ese momento.

Una manera práctica de evitar la sobrevaloración es llevar un registro detallado de nuestras operaciones y nuestras emociones durante el proceso. Al revisar nuestro diario de *trading*, podemos identificar cuándo estamos idealizando un activo, una estrategia o nuestras propias habilidades. Al ser conscientes de estos patrones de pensamiento, podemos trabajar activamente para corregirlos y adoptar una perspectiva más equilibrada. Un diario de *trading* no solo nos ayuda a mejorar nuestras habilidades técnicas, sino que también es una herramienta poderosa para desarrollar una mentalidad más realista y objetiva, evitando así la trampa de la idealización.

Finalmente, es esencial recordar que el *trading* es una disciplina compleja que requiere equilibrio emocional, humildad y una mentalidad crítica. La idealización y la sobrevaloración en el *trading* nos llevan a expectativas poco realistas y relaciones de dependencia que resultan perjudiciales tanto emocional como financieramente.

Es crucial mantener una mentalidad realista, cuestionar nuestras creencias y no otorgar cualidades imaginarias a las personas, activos o estrategias. Amar el proceso del *trading* implica aceptar la incertidumbre y la imprevisibilidad de esta actividad, y aprender a operar sin depender de falsas promesas o ilusiones. Solo así podremos navegar en este entorno con claridad, confianza y equilibrio, aprovechando realmente las oportunidades que se presentan sin perder de vista la realidad. Recordemos siempre que el *trading* es un viaje de aprendizaje continuo y que debemos estar dispuestos a adaptarnos y evolucionar, sin caer en la trampa de idealizar ni a nosotros mismos ni a los demás.

Juicios y Arrogancia

Juzgar a otras personas es una de las formas más comunes de alterar el equilibrio en la vida. En el contexto del *trading*, este tipo de juicios también puede llevarnos a consecuencias negativas. Despreciar a otros operadores, pensar que somos superiores o considerar que las estrategias de los demás no tienen valor es un camino peligroso que puede conducir a errores costosos. Al igual que en otros ámbitos de la vida, el desprecio y la vanidad en el *trading* nos desalinean del equilibrio necesario para prosperar.

En el plano energético, no existen personas buenas o malas; existen únicamente quienes se alinean con las leyes naturales y aquellos que, a través de sus juicios y acciones, provocan desorden en el «statu quo». Este desorden eventualmente atraerá fuerzas que buscarán restablecer el equilibrio perdido. En el contexto del *trading*, estas fuerzas se manifiestan cuando nuestras actitudes de desprecio o vanidad nos llevan a perder oportunidades o a sufrir las consecuencias del entorno financiero. La energía dentro del ámbito del *trading* tiende a corregir los excesos de arrogancia y juicios injustos, ya que cualquier desequilibrio genera una reacción que busca restaurar la armonía.

Un ejemplo de esto es cuando un inversor desprecia a otros por ser demasiado conservadores. Es posible que piense que su propio estilo agresivo es superior y que aquellos que toman menos riesgos son simplemente "miedosos". Sin embargo, el entorno financiero es impredecible y puede que una estrategia conservadora sea la que sobreviva a una gran caída en las condiciones económicas, mientras que el *trader* que despreciaba esta estrategia termina perdiendo una gran parte de su capital.

En este caso, las fuerzas del sistema restablecen el equilibrio, mostrando que el desprecio y la arrogancia no tienen lugar en un ámbito tan volátil como el *trading*. De hecho, el sistema financiero tiene una forma peculiar de humillar incluso a los más confiados. Los operadores que ignoran la importancia de las estrategias conservadoras suelen enfrentarse a una dura lección que les enseña la relevancia del manejo del riesgo y la prudencia.

El desprecio también puede manifestarse hacia ciertos activos o estrategias. Algunos operadores podrían considerar que estrategias como el «buy and hold» (comprar y mantener) son ineficaces o inferiores comparadas con el *trading* diario. Esta actitud puede llevarlos a perder de vista las ventajas que podría ofrecer una estrategia de largo plazo, especialmente durante periodos de alta volatilidad.

Las dinámicas del entorno financiero tienden a actuar de una manera que nos hace reconsiderar nuestras creencias y prejuicios, y muchas veces lo hacen de la forma más dura posible: golpeando nuestro capital y nuestras emociones. Ignorar los beneficios de una estrategia de largo plazo, por creer que el *trading* diario es la única vía para obtener ganancias, puede resultar en oportunidades perdidas y, peor aún, en pérdidas económicas importantes.

Otra manifestación del desequilibrio es la vanidad. No hay nada malo en sentirse orgulloso de los logros propios, siempre y cuando ese orgullo no nos haga subestimar a los demás o sobrevalorar nuestras capacidades. La vanidad se convierte en un problema cuando empezamos a creer que siempre tomaremos las decisiones correctas y que nuestras habilidades nos harán inmunes a las pérdidas. Esta mentalidad puede ser particularmente peligrosa después de una serie de operaciones exitosas, cuando el *trader* comienza a sentirse invencible.

La vanidad crea un potencial excesivo que, eventualmente, atrae consecuencias en el entorno que restablecen el equilibrio. Este ajuste suele venir en forma de una pérdida significativa que recuerda al inversor que nadie es infalible.

Imagina a un operador que, después de varias operaciones exitosas, comienza a pensar que tiene un "toque de oro" y que las condiciones siempre actuarán a su favor. Esa confianza desmedida lo lleva a aumentar sus posiciones y a asumir más riesgos de los que debería. Finalmente, las circunstancias cambian inesperadamente, y el inversor pierde gran parte de sus ganancias, si no todo su capital. Este es el ejemplo clásico de cómo la vanidad y la sobreconfianza nos llevan a ignorar los riesgos y a perder el equilibrio emocional y financiero. Este tipo de experiencia es más común de lo que uno podría pensar, y el entorno financiero tiene una forma implacable de recordarnos que la humildad es esencial para la supervivencia.

Es importante también entender cómo juzgar a otros operadores puede crear un potencial excesivo que se vuelva en nuestra contra. Por ejemplo, si criticas a otros inversores por sus errores, podrías encontrarte cometiendo los mismos errores poco después.

Las dinámicas del *trading* tienen una manera de mostrarnos que nadie está por encima de los desafíos y dificultades de esta actividad. Por eso, en lugar de juzgar, es mejor aprender de las experiencias de otros, tanto de sus éxitos como de sus fracasos. Cada error cometido por otro operador es una oportunidad para reflexionar sobre nuestras propias decisiones y evitar caer en las mismas trampas.

Una analogía que puede ayudar a entender este concepto es la de un equilibrista caminando sobre una cuerda floja. Imagina que, mientras cruza, el equilibrista comienza a mirar con desprecio a quienes lo observan desde abajo, pensando que ninguno de ellos podría hacer lo que él hace. Esa actitud de desprecio lo distrae de su tarea principal: mantener el balance mental.

Al perder el foco, sus pasos se tambalean y corre el riesgo de caer. En el *trading*, el equilibrio es crucial, y cualquier actitud que nos desvíe de nuestro enfoque —como el desprecio o la vanidad— nos pone en riesgo de perder nuestro rumbo y nuestras inversiones. El desprecio no solo nos distrae, sino que también nos impide aprender y adaptarnos a las fluctuaciones propias de esta actividad.

Otro ejemplo que puede ilustrar cómo las dinámicas del entorno restablecen el equilibrio es el de aquellos operadores que desprecian a los novatos. Pueden considerarse a sí mismos expertos y pensar que los nuevos inversores son incapaces de alcanzar su nivel. No obstante, esa actitud de superioridad puede impedirles ver errores que ellos mismos están cometiendo, mientras que un novato, con su enfoque fresco y sin prejuicios, podría detectar oportunidades que el *trader* experto pasa por alto.

De esta manera, el desprecio hacia otros se convierte en una barrera que nos impide aprender y mejorar. Los operadores que mantienen una actitud humilde y están dispuestos a aprender incluso de los más inexpertos, a menudo descubren que pueden ver el *trading* desde una nueva perspectiva y encontrar soluciones innovadoras.

La vanidad puede tomar muchas formas, como pensar que siempre se tiene razón, ignorar las señales del entorno o asumir riesgos innecesarios porque creemos que somos invencibles. Un ejemplo claro de esto es el *trader* que, después de varios meses de éxito, decide abandonar su estrategia de gestión del riesgo porque considera que ya no la necesita. La realidad del ámbito financiero, por otro lado, es que los momentos de éxito pueden ser efímeros y siempre debemos estar preparados para lo inesperado.

Abandonar una estrategia de gestión del riesgo por vanidad es una de las formas más rápidas de perderlo todo. La clave para evitar caer en esta trampa es recordar siempre que las condiciones son más grandes que cualquier individuo, y que la humildad y la disciplina son esenciales para mantenernos a flote.

Para evitar caer en el desprecio y la vanidad, es fundamental cultivar la humildad y el respeto hacia los demás operadores, independientemente de su nivel de experiencia o sus estrategias. Cada *trader* tiene su propio camino y estilo, y todos estamos en constante aprendizaje. En lugar de juzgar, debemos buscar aprender de los demás y estar dispuestos a reconocer que no siempre tenemos la razón.

El ámbito del *trading* es un gran maestro que tiene formas inesperadas de recordarnos que siempre hay algo más por aprender. Incluso los operadores más experimentados se encuentran con situaciones nuevas que desafían sus conocimientos previos. La capacidad de aceptar la incertidumbre y el cambio constante es lo que diferencia a un operador exitoso de uno que eventualmente fracasa.

El amor propio saludable también juega un papel importante en mantenernos equilibrados. Sentirse orgulloso de nuestros logros es natural, pero debe ser un orgullo basado en la aceptación de nuestras fortalezas y debilidades, sin necesidad de menospreciar a otros. Cuando el orgullo se convierte en vanidad, las circunstancias se encargarán de darnos una lección. Por eso, debemos centrarnos en crecer, no en compararnos o subestimar a los demás. Además, debemos recordar que el éxito en el *trading* no se mide por un solo momento o una racha de operaciones exitosas, sino por nuestra capacidad de mantenernos constantes y resilientes a lo largo del tiempo.

Otro aspecto a considerar es cómo el entorno en el que operamos puede influir en nuestra actitud hacia los demás. Es común que en comunidades de *trading* haya una competencia implícita, donde los operadores sienten la necesidad de demostrar que son mejores que otros. Esta dinámica puede fomentar el desprecio y la vanidad si no se maneja adecuadamente.

Es importante recordar que el objetivo del *trading* no es competir contra otros, sino mejorar nuestras propias habilidades y alcanzar nuestras metas personales. Cada *trader* tiene un estilo y un enfoque diferente, y lo que funciona para uno puede no funcionar para otro. En lugar de ver a otros como competencia, es más beneficioso verlos como compañeros de aprendizaje.

En conclusión, el desprecio y la vanidad son actitudes que nos desalinean del equilibrio necesario para tener éxito. Estas actitudes generan un potencial excesivo que inevitablemente atraerá fuerzas que busquen restablecer la armonía. En este contexto, esto se traduce en pérdidas, oportunidades perdidas y lecciones difíciles de asimilar.

La clave está en cultivar la humildad, mantener una actitud de aprendizaje constante y recordar que todos estamos en un proceso de evolución. Cada operador, sin importar su experiencia, tiene algo que enseñar y algo que aprender, y solo al respetar ese proceso podremos alcanzar un equilibrio que nos permita prosperar en este ámbito.

Finalmente, debemos recordar que el *trading* es un viaje de autoconocimiento. A través de nuestras victorias y derrotas, podemos aprender mucho sobre quiénes somos realmente. La vanidad y el desprecio no solo nos alejan del éxito financiero, sino que también nos impiden crecer como personas. Al reconocer nuestras limitaciones, aprender de nuestros errores y mantenernos humildes ante las circunstancias, podremos evolucionar no solo como operadores, sino también como individuos.

El verdadero éxito en el *trading* no se encuentra únicamente en las ganancias, sino en la capacidad de adaptarnos, aprender y mantenernos en equilibrio a lo largo de un camino lleno de desafíos y aprendizajes. Cada reto que enfrentamos nos ofrece una oportunidad de reflexión y mejora, y cada lección, ya sea producto de una victoria o una derrota, nos acerca un paso más hacia la madurez y la resiliencia.

En última instancia, el *trading* es una práctica que nos enseña tanto sobre el mundo de las finanzas como sobre nuestra propia naturaleza, revelando nuestras fortalezas y debilidades, y ayudándonos a construir una mentalidad que nos permita prosperar no solo en el ámbito financiero, sino también en la vida.

Comparaciones y mentalidad

Los sentimientos de superioridad o inferioridad son una trampa común para muchos operadores y representan una forma de dependencia que nos aleja del equilibrio necesario para operar con claridad. En el ámbito del *trading*, la comparación constante con otros y el deseo de destacar frente a los demás puede generar un potencial excesivo que termina perjudicándonos. Estos sentimientos son meramente ilusorios y, en lugar de impulsarnos hacia adelante, nos mantienen atrapados en un ciclo de dependencia y desgaste energético.

Imagina a un *trader* que constantemente se siente superior a los demás porque sus estrategias le han dado resultados positivos durante un tiempo. Este operador puede llegar a desarrollar una actitud arrogante, creyendo que sus habilidades lo hacen mejor que otros y que siempre será capaz de superar cualquier desafío. Esta actitud de superioridad lo lleva a correr riesgos innecesarios, confiando en que tiene el control absoluto de la situación. Sin embargo, el entorno es impredecible, y tarde o temprano, esa confianza excesiva se encontrará con la realidad.

Las fuerzas que buscan equilibrar cualquier desequilibrio actuarán en contra de esa actitud arrogante, y el *trader* podría enfrentar grandes pérdidas que lo devuelvan a la humildad. La lección aquí es clara: en el *trading*, la arrogancia y la sensación de superioridad no tienen cabida, ya que las circunstancias siempre encuentran una manera de restablecer el equilibrio.

El inversor que se siente superior puede incluso comenzar a ignorar los principios básicos de gestión de riesgos, creyendo que sus habilidades lo protegen de resultados adversos. Esta ilusión de invencibilidad puede llevarlo a operar con un apalancamiento excesivo o a mantener posiciones perdedoras durante más tiempo del aconsejable, con la esperanza de que todo se mueva a su favor. La realidad es que el *trading* es un maestro implacable que no perdona la arrogancia, y cuando se presenta la corrección, suele ser devastadora. Este tipo de experiencia no solo conlleva pérdidas financieras significativas, sino que también puede tener un impacto emocional profundo, afectando la confianza del inversor y llevándolo a un estado de duda e inseguridad.

Por otro lado, el sentimiento de inferioridad es igualmente perjudicial. Un operador que se siente menos capacitado que otros podría dudar constantemente de sus decisiones, lo cual lo lleva a perder oportunidades o a tomar decisiones equivocadas simplemente por falta de confianza. Este complejo de inferioridad se alimenta de la comparación constante con operadores que parecen más exitosos o experimentados.

Al compararse y sentirse inferior, este *trader* genera un potencial excesivo que lo lleva a operar con miedo y ansiedad, dos emociones que nublan el juicio y dificultan tomar decisiones acertadas. Al igual que con la superioridad, el sentimiento de inferioridad genera una relación de dependencia, en este caso con la percepción de las habilidades de otros, lo cual lo deja atrapado en una posición de debilidad.

El inversor que se siente inferior puede verse atrapado en un ciclo de indecisión y procrastinación. Puede evitar ejecutar operaciones, incluso cuando las señales son claras, por temor a cometer errores. Este miedo constante lo paraliza y, en lugar de aprovechar las oportunidades, se queda al margen, viendo cómo otros obtienen resultados mientras él se siente cada vez más incapaz. Esta falta de confianza puede llevarlo también a depender excesivamente de la opinión de otros, siguiendo ciegamente a supuestos expertos sin desarrollar su propia capacidad de análisis. Como resultado, sus decisiones de *trading* no son auténticas y carecen de convicción, lo que lo hace más vulnerable a pérdidas y frustraciones.

Es importante entender que la comparación con otros, ya sea para sentirse superior o inferior, no tiene ningún valor real en el contexto del *trading*. Cada *trader* tiene su propio camino, su propio estilo y ritmo de aprendizaje. Compararse con otros es como una mosca golpeando contra un cristal, tratando de atravesarlo cuando, al lado, hay una ventana abierta.

En lugar de gastar energía en mantener estos potenciales excesivos, es mucho más productivo enfocarse en el desarrollo personal, en aprender y en mejorar nuestras propias habilidades sin preocuparnos por cómo nos posicionamos frente a los demás. El *trading* es una actividad profundamente personal, y el éxito depende más de nuestra capacidad para gestionar nuestras propias emociones y decisiones que de cómo nos comparamos con otros.

La energía debe dirigirse hacia el autoperfeccionamiento y la disciplina. Cuando dejamos de compararnos con otros, liberamos una gran cantidad de energía que podemos utilizar para mejorar nuestras estrategias, aprender nuevas técnicas y, sobre todo, operar con una mente clara y equilibrada. Los operadores que se enfocan en su propio crecimiento, sin preocuparse por ser mejores o peores que otros, suelen encontrar un mayor éxito y satisfacción, ya que su energía no se desperdicia en mantener una imagen ilusoria de superioridad o en tratar de compensar un sentimiento de inferioridad. Además, al enfocarse en su propio progreso, los operadores pueden identificar sus áreas de mejora con mayor precisión y trabajar en ellas de manera constante y efectiva.

Para liberarse de estos sentimientos de superioridad e inferioridad, es esencial dejar de buscar validación externa. El entorno no premia a aquellos que se sienten superiores ni castiga a quienes se sienten inferiores; simplemente responde a nuestras acciones de manera objetiva. Cuando aceptamos que no necesitamos compararnos con otros y que nuestro valor no depende de cómo nos perciban los demás, podemos operar con mayor libertad y confianza.

Esto no significa que debamos ignorar nuestras debilidades, sino que debemos reconocerlas sin juzgarnos, usarlas como oportunidades de mejora y no como motivos para sentirnos inferiores. El verdadero crecimiento en el *trading* proviene de la capacidad de ser honestos con nosotros mismos, aceptar nuestras limitaciones y trabajar para superarlas, sin caer en la trampa de la comparación constante.

Otro aspecto importante es entender que la percepción de superioridad o inferioridad es una construcción mental que nos limita. Muchos operadores, especialmente aquellos que comienzan, pueden sentirse intimidados por la experiencia de otros y caer en la trampa de creer que nunca estarán a la altura. Esta mentalidad puede convertirse en un obstáculo enorme para el aprendizaje y el crecimiento.

Del mismo modo, aquellos que tienen éxito inicial pueden sentir que ya no necesitan aprender más, lo cual los hace vulnerables a errores que podrían haberse evitado con una actitud más humilde. La mentalidad de "yo ya lo sé todo" es peligrosa porque nos cierra a nuevas oportunidades de aprendizaje y nos deja estancados. La evolución constante es esencial, y aquellos que dejan de aprender eventualmente se quedan atrás.

La clave para evitar caer en estas trampas es enfocarse en el propio proceso y en el desarrollo constante. Cada operación es una oportunidad para aprender, independientemente de si ocasiona una ganancia o una pérdida. En lugar de compararnos con otros, debemos comparar nuestras acciones presentes con nuestras acciones pasadas, buscando siempre mejorar. La competencia real no está en ser mejor que otros operadores, sino en ser mejor que el *trader* que éramos ayer. Esto implica desarrollar nuestras habilidades técnicas, mejorar nuestra disciplina y aprender a manejar nuestras emociones de manera más efectiva. Al enfocarnos en nuestro propio crecimiento, podemos avanzar a nuestro propio ritmo, sin la presión innecesaria de competir con los logros de otros.

Finalmente, renunciar a la necesidad de sentirse superior no significa humillarse. La humildad no implica subestimar nuestras capacidades, sino reconocerlas tal como son, sin necesidad de demostrar nada a nadie. Al igual que el sentimiento de superioridad, la sensación de inferioridad también es una distorsión que genera potenciales perjudiciales.

En lugar de luchar contra nuestras imperfecciones, podemos trabajar para compensarlas con otras cualidades y enfocar nuestra energía en el autodesarrollo. Solo al liberarnos de la carga de compararnos constantemente con otros, podremos alcanzar un estado de equilibrio que nos permita prosperar tanto en el *trading* como en la vida.

La verdadera libertad proviene de operar sin la necesidad de impresionar a otros o de sentirse menos que alguien más. Cuando dejamos de lado la comparación, podemos enfocarnos en lo que realmente importa: nuestro propio progreso y nuestras propias metas. La humildad nos permite aceptar las pérdidas sin sentirnos fracasados y celebrar las ganancias sin sentirnos invencibles.

El equilibrio emocional es la clave para sobrevivir y prosperar en el *trading*, y este equilibrio solo se logra cuando nos liberamos de las cadenas de la superioridad y la inferioridad. Al final del día, el objetivo no es ser mejor que nadie más, sino ser la mejor versión de nosotros mismos.

En el mundo del *trading*, el deseo intenso de obtener algo o de evitar algo puede convertirse en un obstáculo significativo para alcanzar el éxito. Tanto la codicia como el miedo, que son formas extremas de deseo, crean lo que podríamos llamar un «potencial excesivo» que altera el equilibrio emocional del *trader* y lo aleja de tomar decisiones racionales. En este texto exploramos cómo la fuerza de nuestros deseos puede interferir con nuestro rendimiento y cómo aprender a gestionar estos deseos puede llevarnos a un mejor equilibrio y, por ende, a mejores resultados.

Imagina a un inversor que está obsesionado con ganar una gran cantidad de dinero en un corto período de tiempo. Su deseo de obtener ganancias es tan intenso que decide jugarse todo a una sola operación, ignorando su plan de gestión de riesgos. Este operador está, sin saberlo, creando un potencial excesivo que terminará perjudicándolo.

La necesidad desesperada de ganar hace que tome decisiones impulsivas y, al final, cuando las circunstancias se mueven en contra de su operación, su pérdida no es solo económica, sino también emocional. La lección aquí es clara: cuanto más te obsesionas con obtener un resultado específico, más difícil se vuelve alcanzarlo, ya que esa obsesión distorsiona tu juicio y te lleva a cometer errores.

Podemos destacar tres formas principales en las que el deseo se manifiesta. La primera forma es cuando el deseo se convierte en una intención firme y se traduce en acción. En este caso, el inversor tiene un objetivo claro, pero no está apegado emocionalmente a ese objetivo; simplemente toma las acciones necesarias para alcanzarlo, como planificar su operación, seguir su estrategia y ejecutar con disciplina. Aquí, la energía del deseo se utiliza de manera constructiva y no se desperdicia.

La segunda forma es cuando el deseo no se traduce en acción, sino que permanece como una preocupación constante. El *trader* quiere tener éxito, pero no toma medidas concretas para alcanzarlo, lo cual crea un potencial excesivo que solo genera ansiedad y desgaste.

La tercera manera, la más peligrosa, es cuando el deseo se convierte en una dependencia del resultado: "Debo ganar esta operación, de lo contrario, mi carrera como inversor no tiene sentido" o "necesito ganar para poder pagar la renta de mi departamento". Esta dependencia crea una relación perjudicial con el entorno y lleva al operador a una espiral de frustración y decepción.

Un operador que depende emocionalmente de un resultado específico se asemeja a alguien que intenta atrapar un pájaro en el bosque. Cuanto más desesperado está el cazador, gruñendo y haciendo ruido en su afán por atrapar al pájaro, más se alejará el ave. No obstante, si el cazador pasea tranquilamente por el bosque sin mostrarse ansioso, es posible que el pájaro se acerque. En el *trading* ocurre lo mismo: cuanto más fuerte sea el deseo de ganar y la necesidad de que las condiciones se muevan a tu favor, más probable es que suceda lo contrario, ya que las decisiones impulsadas por la ansiedad suelen llevar a errores.

El deseo también tiene otro lado: el deseo de evitar pérdidas. Este deseo es una continuación lógica del miedo, y cuanto más intentamos evitar una situación, más nos enfrentamos a ella. Un *trader* que teme perder podría cerrar sus operaciones demasiado pronto, asegurando pequeñas ganancias pero perdiendo grandes oportunidades. O peor aún, podría evitar entrar en una operación cuando la señal es clara, debido al miedo a equivocarse.

Este tipo de comportamiento no solo afecta el rendimiento, sino que también crea un potencial excesivo que, en lugar de proteger al inversor, lo coloca en situaciones desfavorables. Cuando el deseo de evitar pérdidas es demasiado fuerte, las circunstancias suelen encontrar formas de demostrarle al operador que no tiene control absoluto, aumentando la frecuencia de situaciones adversas.

Es imprescindible aprender a bajar el nivel de importancia que le damos a cada operación. Si vemos cada operación como algo que definirá nuestro éxito o fracaso, estamos creando una carga emocional que nos impedirá actuar con claridad. En cambio, debemos tratar cada operación de manera neutral, como un proceso más dentro de nuestra estrategia general. La mejor manera de operar es con una intención pura: tener un objetivo claro, pero sin estar apegado a él.

Un buen ejemplo de esto es imaginar que vas al supermercado a comprar una botella de agua. No te obsesionas con si la botella de agua estará disponible o no; simplemente actúas con la intención de comprarla y, si no puedes hacerlo, eliges otra marca o vas a otro lugar a comprarla. Aplicar esta mentalidad al *trading* nos permite operar sin crear potenciales excesivos, lo cual nos ayuda a mantenernos en equilibrio y a tomar decisiones racionales.

El fuerte deseo de obtener ganancias o evitar pérdidas también está relacionado con la confianza. Cuando un inversor se aferra a la idea de ganar porque siente que es la única manera de validar su capacidad, está demostrando falta de confianza en su proceso y en su estrategia. La emisión de energía de este tipo se transmite con "interferencias", ya que en el fondo el *trader* no cree completamente en la realización de su deseo.

Intentar convencerse con todas sus fuerzas de que las condiciones se moverán a su favor solo genera más ansiedad y aumenta el potencial excesivo. En lugar de enfocarse en el resultado, es más efectivo enfocarse en el proceso: asegurarse de seguir una buena gestión del riesgo, analizar las señales correctamente y ejecutar la operación según lo planificado. De esta manera, el deseo se convierte en una intención equilibrada y el inversor opera desde un estado de calma y claridad.

Para alcanzar el éxito, es fundamental reducir la importancia que damos a cada resultado individual. Esto no significa ser indiferente, sino aprender a tratar cada operación con el valor justo, sin exagerar su importancia. El entorno en el que operamos es neutral, no tiene emociones ni intenciones; simplemente responde a nuestras acciones.

Al reducir nuestra dependencia emocional hacia el resultado de una operación, podemos operar con una intención pura y libre de potenciales excesivos, lo que nos permite alinearnos mejor con las condiciones reales. La clave está en actuar de manera consistente, sin permitir que la codicia o el miedo dicten nuestras decisiones.

Al final, la verdadera libertad en el *trading* proviene de operar sin estar atado al deseo intenso de ganar o al miedo a perder. Cuando aprendemos a tratar cada operación como un paso más en nuestro camino de aprendizaje y desarrollo, logramos liberar la energía que antes estaba atrapada en preocupaciones y emociones extremas.

Esta energía liberada puede ser utilizada para mejorar nuestras habilidades, afinar nuestras estrategias y, sobre todo, disfrutar del proceso de *trading* sin la carga constante de la ansiedad. El objetivo no es ganar siempre, sino operar de manera que podamos seguir aprendiendo y creciendo, tanto como operadores como individuos.

Para muchos inversores, la clave del éxito radica en cultivar una mentalidad de crecimiento y aprendizaje continuo. Esto significa aceptar que cada operación, ya sea ganadora o perdedora, es una oportunidad para aprender algo nuevo. En lugar de ver las pérdidas como fracasos personales, podemos interpretarlas como parte del proceso natural del *trading*.

Las condiciones siempre están cambiando, y la capacidad de adaptarnos a esos cambios es lo que nos permite evolucionar y prosperar. Cuando nos desapegamos del deseo intenso de tener éxito a toda costa y aceptamos que el éxito es un viaje lleno de altos y bajos, nos volvemos más resilientes, capaces de afrontar los desafíos con una mentalidad más flexible y positiva. En lugar de sentirnos derrotados por cada obstáculo, aprendemos a verlos como oportunidades para crecer y mejorar, lo que a la larga nos convierte en operadores más sólidos y consistentes.

Sentimiento de culpa

El sentimiento de culpa es un potencial excesivo en su aspecto puro y puede tener un impacto significativo en el rendimiento de un *trader*. En la naturaleza del mercado, no existen conceptos como el bien o el mal; los movimientos del precio no tienen moral, solo son una consecuencia de fuerzas que operan sin emociones propias.

No obstante, los operadores suelen interpretar sus acciones bajo el lente del juicio personal, lo cual crea una carga emocional que interfiere con su capacidad para operar racionalmente. Este juicio personal puede hacer que el operador se enfoque en lo que hizo mal, en lugar de lo que puede aprender de la situación, lo cual resulta contraproducente para el desarrollo de una mentalidad resiliente y efectiva en el *trading*.

Tras una operación fallida, un inversor podría experimentar un sentimiento de culpa al pensar que no tomó una buena decisión, que no siguió su plan de manera adecuada o que debería haber actuado de otra forma. Este sentimiento de culpa crea un potencial excesivo en su campo emocional que eventualmente se traduce en comportamientos contraproducentes, como la sobreoperación (over*trading*), la falta de confianza para entrar al mercado, o incluso la incapacidad de aceptar pérdidas y salir de una operación a tiempo. La culpa impide que el operador vea la pérdida como una lección y, en su lugar, la percibe como un fracaso personal, lo que contribuye a un círculo vicioso de decisiones impulsivas y mal gestionadas.

La culpa puede generar un ciclo de castigo autoimpuesto. Imagina a un *trader* que pierde una cantidad significativa de dinero por haber actuado impulsivamente. En lugar de aceptar la pérdida como parte del proceso y aprender de ella, se siente culpable. Esa culpa lo lleva a querer redimirse rápidamente, buscando "recuperar" lo perdido, lo cual lo empuja a tomar riesgos mayores o entrar en operaciones sin el debido análisis. Este ciclo de culpa y castigo no solo incrementa el riesgo de seguir perdiendo, sino que también afecta negativamente el balance emocional del operador. Además, la culpa puede afectar la capacidad de un operador para mantener la disciplina, ya que el deseo de corregir un error pasado puede llevarlo a saltarse su propio plan de *trading* y actuar desde la desesperación en lugar de la lógica.

Este ciclo puede ser muy difícil de romper, por el hecho de que la culpa alimenta la necesidad de tener un rendimiento perfecto. Sin embargo, la perfección en el *trading* no existe. Todos los operadores, incluso los más experimentados, cometen errores. Lo que distingue a los inversores exitosos es su capacidad para aprender de esos errores sin quedar atrapados en la culpa.

El *trading* requiere una mentalidad en la que los errores sean vistos como oportunidades para mejorar, no como razones para castigarse. En este sentido, romper con la culpa implica entender que cada pérdida es una inversión en experiencia, y que cada operación fallida puede ofrecer lecciones valiosas para el futuro.

Otra forma en la que el sentimiento de culpa se manifiesta es a través de la culpa inducida por la presión social. Los operadores a menudo están expuestos a opiniones de analistas, mentores, colegas o incluso la comunidad de *trading* en redes sociales. Cuando un *trader* toma una decisión contraria a lo que los "expertos" recomiendan y termina perdiendo, puede sentir una culpa aún mayor, ya que no solo está lidiando con la pérdida, sino también con la sensación de haber desafiado lo que otros consideraban correcto. Esta presión externa puede hacer que el inversor dude de sus propias capacidades, lo que incrementa la inseguridad y la probabilidad de cometer más errores.

Los manipuladores pueden ser aquellas voces que intentan hacerte sentir culpable por no seguir sus recomendaciones o por no actuar según sus expectativas. Estos manipuladores suelen basar su influencia en la confianza que otros operadores depositan en ellos, aprovechando cualquier error para hacer que los demás se sientan inadecuados o incapaces.

La mejor manera de evitar caer bajo esta influencia es renunciar al sentimiento de culpa y confiar en tu propio proceso. Si no te consideras culpable por una operación fallida, ninguna opinión externa tendrá poder sobre ti, y podrás aprender de tus errores sin cargar con un peso emocional innecesario. Desarrollar confianza en tu propio juicio y proceso es esencial para mantener la independencia mental y evitar ser arrastrado por la presión de otros.

La culpa no trae nada útil ni constructivo al *trading*. No ayuda a mejorar ni contribuye a resolver problemas; al contrario, solo genera más tensión y distorsiona la toma de decisiones. La mejor manera de actuar es prevenir aquellas situaciones que nos lleven a sentir culpa, y si ya estamos atrapados en ella, es importante soltarla lo antes posible. Recuerda que cada operación es una lección, y cada error tiene el potencial de enseñarte algo valioso. En lugar de considerar una pérdida como un fracaso, mírala como una oportunidad para aprender qué aspectos de tu estrategia necesitan ajuste.

En lugar de enfocarte en lo que hiciste mal, enfócate en lo que podrías hacer mejor la próxima vez. Llevar un diario de *trading* puede ser una herramienta muy poderosa para este propósito. Al registrar cada operación, incluyendo las razones detrás de cada decisión y los resultados obtenidos, puedes analizar objetivamente tus errores sin juicios ni culpa.

Esto te permite ver el *trading* como un proceso de mejora continua, donde no existe el éxito o el fracaso definitivo, sino un constante aprendizaje. Un diario de *trading* también te permite identificar patrones de comportamiento que conducen a errores, y una vez que esos patrones se identifican, puedes trabajar activamente para cambiarlos.

Otra herramienta poderosa para liberarse de la culpa es la práctica de la autoaceptación. Acepta que cometerás errores y que las pérdidas son una parte inevitable del *trading*. Al aceptar esto, puedes reducir significativamente la carga emocional que acompaña a una operación fallida. La autoaceptación te ayuda a ver cada error como una parte natural del proceso, no como una falla personal que deba ser castigada. Con el tiempo, esta actitud te permitirá operar con una mentalidad más calmada y centrada, enfocándote en el proceso en lugar de en los resultados individuales.

En el mundo del *trading*, aquellos que logran una mayor estabilidad emocional son los que tienen menos culpa en sus corazones. La ausencia de culpa otorga independencia y seguridad, dos cualidades esenciales para cualquier inversor. Si un *trader* acepta la posibilidad de perder como parte del proceso y no se siente culpable por ello, podrá actuar con mayor confianza y sin miedo al castigo.

Esta valentía no significa ser imprudente, sino operar desde un estado mental en el que no hay lugar para la autocondena, sino solo para el aprendizaje. La confianza que nace de la ausencia de culpa permite al inversor mantenerse fiel a su plan y evitar decisiones impulsivas que surgen del miedo o la desesperación.

Por otro lado, la táctica de pedir perdón también puede ser útil, pero de una manera interna. Pedirte perdón a ti mismo por una pérdida o un error puede ayudarte a liberar la tensión acumulada y evitar cargar con ese potencial excesivo que afecta tus futuras decisiones. Por otro lado, debes asegurarte de no convertir esto en una costumbre que te lleve a la autocomplacencia. Reconoce el error, aprende de él, pídete perdón y sigue adelante sin mirar atrás. El objetivo es liberar la carga emocional, no justificar comportamientos poco disciplinados.

Renunciar al sentimiento de culpa es una de las claves para sobrevivir en el entorno emocionalmente desafiante del *trading*. La verdadera fuerza de un inversor no radica en la capacidad de obtener ganancias constantemente, sino en la capacidad de aprender, adaptarse y operar sin las cargas emocionales que pueden afectar su juicio.

Si te permites ser tú mismo, aceptando tanto tus aciertos como tus errores, el miedo al castigo se disipa y puedes operar con una mente clara y tranquila. De esta manera, te colocas en una posición donde las decisiones se toman basadas en la realidad del mercado y no en emociones negativas acumuladas. Esta actitud no solo mejora la calidad de tus decisiones, sino que también te ayuda a construir una carrera de *trading* sostenible y gratificante.

El *trading*, en su esencia, es un juego de probabilidades donde no siempre se gana, pero cada experiencia cuenta. La capacidad de operar sin culpa, de aceptar las pérdidas y de verlas como parte del proceso, es lo que marca la diferencia entre aquellos que prosperan y aquellos que se quedan atrapados en un ciclo de frustración. Liberarte de la culpa no significa dejar de preocuparte; significa preocuparte de la manera correcta: aprender, adaptarte y seguir avanzando.

En lugar de castigarte por cada error, transfórmalos en oportunidades de aprendizaje que te permitan crecer y evolucionar como *trader*. Esta mentalidad te ayudará a mantener una actitud positiva, a conservar la claridad mental y, en última instancia, a convertirte en un inversor más consistente y exitoso.

El verdadero éxito en el *trading* no proviene de evitar pérdidas, sino de aprender a gestionarlas y continuar avanzando sin las cargas emocionales que podrían desestabilizar tu rendimiento. La resiliencia, la capacidad de adaptarse y la disposición para aprender de cada experiencia son las cualidades que construyen un *trader* ganador. Cada operación, ya sea ganadora o perdedora, es un paso adelante en el camino hacia la maestría. Liberarte de la culpa te permitirá aprovechar cada paso al máximo y avanzar con confianza hacia el éxito que buscas.

|"Lejos de aprender a ganar, hay que aprender a perder."

La relación con el dinero

El dinero en el *trading* es un tema fundamental que va mucho más allá de cómo obtener ganancias rápidas o cuantiosas. La forma en que un inversor se relaciona con el dinero afecta directamente su capacidad para tomar decisiones objetivas y, por ende, su éxito en el largo plazo. En este sentido, el dinero no debe ser visto como el único objetivo, sino como una herramienta que acompaña el proceso de operar en los mercados, ayudando al operador a alcanzar metas más significativas.

En la naturaleza del *trading*, los conceptos de "bien" o "mal" no existen. El mercado no tiene moral; solo refleja las fuerzas de la oferta y la demanda, reaccionando a la acción de los participantes. No obstante, muchos operadores caen en la trampa de interpretar el dinero desde una perspectiva emocional, creando una carga que distorsiona sus decisiones. Esta carga emocional se manifiesta en forma de dependencia del dinero, un deseo excesivo de ganarlo o un miedo paralizante a perderlo, lo cual genera un ciclo negativo que afecta su rendimiento y estabilidad emocional.

El deseo desmedido de ganar dinero puede llevar a los operadores a operar con desesperación, tratando de forzar resultados. Este enfoque no solo es ineficaz, sino también agotador. La mentalidad de que el dinero es lo más importante en cada operación genera tensión, y esta tensión puede llevar a cometer errores costosos.

El equilibrio emocional es fundamental, y reducir la importancia que se le da al dinero es clave para alcanzar este equilibrio. Es necesario ver el dinero como un resultado natural de un proceso bien ejecutado, en lugar de una meta en sí misma.

Una de las lecciones más importantes para un *trader* es reducir la importancia del dinero. Cuando se le otorga demasiada importancia, se crean potenciales excesivos que afectan negativamente el rendimiento. La dependencia emocional del dinero puede generar comportamientos como sobreoperar para intentar recuperar rápidamente las pérdidas, entrar en operaciones con demasiado riesgo o evitar oportunidades valiosas por temor a nuevas pérdidas. Estos comportamientos tienden a llevar al operador a un ciclo de malas decisiones que incrementan las pérdidas y la frustración.

Por ejemplo, después de una serie de pérdidas, un operador podría desarrollar una mentalidad de "recuperación", donde cada operación se realiza con la intención de volver al punto de equilibrio lo más rápido posible. Este enfoque, a pesar de ello, solo genera una mayor tensión emocional, lo que lleva a decisiones impulsivas y una mayor probabilidad de cometer errores.

La mejor manera de evitar esto es pensar en el dinero como un medio, no como el fin en sí mismo. Adoptar una mentalidad que vea al dinero como una herramienta, más que como una meta final, reduce la carga emocional que se siente con cada operación.

El inversor debe adoptar una mentalidad donde el dinero sea visto como una herramienta para alcanzar sus metas de vida, no como el único objetivo. Esto significa que el *trader* debe concentrarse en desarrollar habilidades, mejorar su estrategia y ejecutar sus planes con consistencia, en lugar de fijarse únicamente en las ganancias o pérdidas monetarias. Cuando se opera con una mentalidad desapegada, sin la necesidad constante de ganar o el miedo constante de perder, se reduce la presión y se aumenta la capacidad para seguir el plan de *trading* de manera disciplinada.

El desapego del dinero también permite que el operador tome decisiones más racionales, ya que elimina la carga de tener que demostrar algo con cada operación. Esta mentalidad genera una forma de actuar más tranquila y controlada, lo cual es esencial para el éxito en los mercados. Los operadores que han logrado operar con este nivel de desapego tienden a ser más consistentes, puesto que sus decisiones no se ven influenciadas por el temor o la euforia del momento.

Reducir la importancia del dinero no significa ser indiferente o irresponsable con él, sino entender que el dinero es solo una consecuencia del proceso. Esto ayuda a liberar al operador de la presión constante de querer ganar en cada operación, permitiendo que el enfoque se dirija hacia la calidad de las decisiones y la ejecución, que son los factores que realmente determinan el éxito a largo plazo.

Objetivos reales vs. Objetivos impuestos

Un error común entre los operadores es centrarse únicamente en cómo ganar dinero sin tener un objetivo claro del porqué lo quieren. El *trading* es más efectivo cuando se tiene un propósito mayor que simplemente acumular riqueza. Pregúntate, ¿cuál es tu objetivo real? Podría ser alcanzar la libertad financiera para pasar más tiempo con la familia, viajar por el mundo o tener la capacidad de apoyar causas que consideras importantes. Tener un objetivo claro y significativo te ayuda a reducir la importancia que le das al dinero en cada operación, lo cual contribuye a una mejor toma de decisiones.

Muchos operadores fijan metas como "ganar X cantidad de dólares al mes", pero estas metas se convierten en sucedáneos artificiales que generan una carga emocional innecesaria. En lugar de esto, es más efectivo enfocarse en objetivos que estén bajo tu control, como mejorar tu consistencia en seguir el plan de *trading*, perfeccionar la gestión del riesgo o ejecutar correctamente la estrategia. Tener metas basadas en el proceso, en lugar de objetivos monetarios, permite al *trader* enfocarse en aquello que puede controlar directamente, lo cual mejora la calidad de las decisiones y la capacidad para mantener la disciplina.

Cuando te enfocas en el proceso y no en el resultado monetario, te permites operar con menos tensión y más claridad. La ironía del *trading* es que, al reducir la importancia del dinero y enfocarte en el proceso, los resultados financieros terminan mejorando naturalmente. Al adoptar una perspectiva de largo plazo y valorar más el progreso que el dinero inmediato, se construye una base sólida para la sostenibilidad y la satisfacción en esta actividad.

Los operadores que logran adoptar objetivos reales y personales en lugar de objetivos impuestos por el entorno encuentran mayor satisfacción y equilibrio. Al tener metas significativas, los inversores desarrollan una resistencia emocional que les permite enfrentar con calma los altibajos del sector, ya que su sentido de éxito no depende de cada operación individual, sino del avance hacia un propósito más grande. Esto no solo contribuye al bienestar emocional, sino que también mejora la capacidad para mantener la disciplina y la objetividad.

El flujo del dinero es un concepto importante para mantener la armonía emocional. En lugar de aferrarse a cada dólar y temer la pérdida, el inversor debe entender que el dinero está en constante movimiento y que asumir riesgos es parte del proceso. El *trading* no se trata de evitar toda pérdida posible, sino de gestionar el riesgo y permitir que el capital fluya, aceptando tanto las ganancias como las pérdidas de una manera equilibrada.

Cuando el dinero se estanca o se intenta evitar cualquier pérdida a toda costa, se genera un potencial excesivo que puede manifestarse en una parálisis de decisiones o en la incapacidad de actuar cuando surgen buenas oportunidades. Al aferrarse demasiado al dinero y no permitirse arriesgar, el operador pierde la capacidad de adaptarse a las circunstancias y se convierte en víctima de sus propios miedos.

Un *trader* que se siente paralizado por el miedo a perder dinero o que evita tomar decisiones por temor a equivocarse crea una barrera que impide el crecimiento. El *trading* debe ser visto como un flujo constante, donde las pérdidas y las ganancias son partes naturales del proceso. Las operaciones deben ser realizadas con la aceptación de que las pérdidas son inevitables y forman parte del juego. Al permitirte operar de manera libre, sin el miedo constante a perder, te alineas mejor con el entorno y puedes reaccionar a sus movimientos de una manera más efectiva.

La idea de que el dinero debe fluir también implica una mentalidad de generosidad hacia uno mismo y hacia el proceso. Esto significa no castigarse por las pérdidas y no obsesionarse con las ganancias. El operador debe entender que, si bien las ganancias son importantes, estas no deben ser la única medida de su éxito. Cada operación es una oportunidad para aprender, y ese aprendizaje tiene un valor que no siempre se refleja en la cuenta bancaria, pero que es crucial para el éxito a largo plazo.

Permitir que el dinero fluya significa también estar dispuesto a invertir en uno mismo y en su desarrollo como operador. Invertir en educación, herramientas de análisis o incluso en el descanso necesario para mantener una buena salud mental son maneras de asegurar que el flujo de dinero también esté alineado con el crecimiento personal y profesional. Cuando el inversor entiende que el dinero es una herramienta que puede ser utilizada para mejorar, y no solo un recurso para acumular, comienza a construir una relación más saludable y productiva con él.

El dinero en el *trading* debe ser visto como un medio, no un fin. La importancia excesiva que se le da al dinero crea una carga emocional que interfiere con la capacidad de un *trader* para tomar decisiones objetivas. En lugar de enfocarse en la cantidad de dinero ganada o perdida, el inversor debe concentrarse en el proceso: en mejorar sus habilidades, mantener la disciplina y ejecutar su plan de manera consistente.

La clave está en reducir la importancia del dinero, enfocarse en los objetivos personales más allá del dinero y permitir que este fluya de manera natural. Al adoptar una mentalidad más desapegada, el *trader* puede operar con más claridad, tomar mejores decisiones y construir una carrera de *trading* más sostenible y gratificante. Operar desde un lugar de confianza, sin miedo al castigo o a las pérdidas, libera al inversor para actuar de manera alineada con sus objetivos y aprovechar las oportunidades que se presentan sin la presión de tener que demostrar algo constantemente.

El *trading* no es un camino rápido hacia la riqueza, sino un proceso de aprendizaje continuo y crecimiento personal. Al redefinir la relación con el dinero, viendo las pérdidas como parte del viaje y enfocándose en el proceso más que en el resultado, se abre la puerta para desarrollar una mentalidad resiliente y efectiva, capaz de enfrentar los desafíos con calma y confianza. Esta actitud es lo que verdaderamente diferencia a los operadores exitosos de aquellos que quedan atrapados en el ciclo de frustración y desesperación.

El *trader* que aprende a fluir con el dinero, que entiende que tanto las pérdidas como las ganancias son partes inevitables del proceso, y que elige enfocarse en el desarrollo de sus habilidades y en el proceso de aprendizaje, es el que termina construyendo un camino hacia la verdadera libertad financiera. Esta libertad no se mide solo en términos de acumulación de riqueza, sino en la capacidad de operar sin las cadenas de la presión emocional, el miedo al fracaso o la necesidad de validación constante. Al final, el verdadero éxito radica en la capacidad de mantenerse equilibrado, aprender de cada experiencia y disfrutar del proceso de crecimiento continuo.

La trampa de la perfección en el *Trading*

La búsqueda de la perfección puede convertirse en una trampa peligrosa. Muchos operadores caen en la mentalidad de que deben realizar cada operación sin errores, de forma impecable. Esta necesidad de ser perfectos no solo genera un desgaste emocional innecesario, sino que también puede perjudicar seriamente su desempeño en el ámbito financiero. En la naturaleza del *trading*, no existe la perfección absoluta; siempre hay un grado de incertidumbre que se debe aceptar y gestionar de la mejor manera posible. La idea de que se puede tener un control perfecto sobre cada aspecto de una operación es, en realidad, una ilusión que lleva al inversor a luchar contra sí mismo y contra la realidad del entorno.

La intención de hacer todo bien no es mala en sí misma, pero cuando se convierte en una obsesión, puede generar una enorme presión interna que distorsiona el juicio del *trader*. Esta presión se manifiesta a menudo en una constante búsqueda de la estrategia perfecta, la entrada perfecta o el momento ideal para operar. No obstante, en el *trading*, no existe un momento o estrategia que garantice el éxito absoluto. Cada operación conlleva riesgos y oportunidades, y la clave está en gestionar esos riesgos y aprender de cada experiencia, en lugar de intentar eliminar cualquier posibilidad de error.

Cuando un inversor se obsesiona con la perfección, entra en un ciclo perjudicial: intenta ser impecable en cada operación, pero inevitablemente se encuentra con errores y resultados adversos, lo cual incrementa su frustración. Esta frustración lo lleva a esforzarse aún más por ser perfecto, lo que solo aumenta la presión y genera más errores. Es un ciclo que se retroalimenta y que puede llevar al *trader* a cuestionar sus capacidades e incluso a abandonar la actividad. La búsqueda constante de la perfección se convierte en un enemigo invisible que sabotea cada intento de mejora.

Un operador que insiste en encontrar siempre la entrada perfecta puede terminar perdiendo oportunidades valiosas debido al exceso de análisis. Esta situación, conocida como «análisis parálisis», ocurre cuando se dedica tanto tiempo a evaluar y reevaluar las condiciones del mercado que, al final, el momento ideal para entrar ya ha pasado. Esta obsesiva necesidad de evitar errores lleva al operador a la inacción, lo cual también es una forma de error, ya que en el *trading* el tiempo y la acción son fundamentales. Además, esta inacción puede desencadenar un sentimiento de frustración y desesperanza que afecta la confianza del operador, creando un círculo vicioso del cual es difícil salir.

Otro ejemplo común es el de los operadores que, al cometer un error, se enfocan tanto en no repetirlo que terminan perdiendo la capacidad de adaptarse a nuevas situaciones. En lugar de aprender de los errores y seguir adelante, el perfeccionista se queda atrapado en el pasado, reviviendo cada equivocación y analizando cada detalle para encontrar una manera de evitar futuros fallos. Esta actitud no solo genera un desgaste emocional significativo, sino que también impide el desarrollo de la flexibilidad mental necesaria para ser exitoso.

Aceptar la imperfección es una de las lecciones más importantes que un *trader* puede aprender. La realidad es que ninguna operación será perfecta, y siempre habrá variables fuera de nuestro control. En lugar de luchar constantemente por un ideal inalcanzable, es más efectivo adoptar una mentalidad de mejora continua. Esta mentalidad permite al operador aprender de cada operación, ya sea ganadora o perdedora, y utilizar esa información para mejorar sus habilidades y decisiones futuras. Al aceptar la imperfección, el inversor se libera de la presión de tener que demostrar algo con cada operación, lo cual contribuye a un enfoque más relajado y efectivo.

El perfeccionismo también puede llevar a los operadores a ser demasiado exigentes consigo mismos y, a menudo, con los demás. Un operador que se esfuerza por ser perfecto podría sentirse frustrado con sus resultados y comenzar a culpar a las condiciones del mercado, a otras personas o incluso a sus seres queridos por sus fracasos. Este tipo de actitud no solo afecta la capacidad de aprendizaje del *trader*, sino que también envenena sus relaciones personales, creando un ambiente tóxico tanto dentro como fuera del ámbito del *trading*. Es fundamental entender que el mercado no tiene moral ni intenciones personales; simplemente se mueve según la oferta y la demanda. Culpar a factores externos o a uno mismo de manera excesiva solo incrementa la frustración y reduce la capacidad para tomar decisiones objetivas.

La mejora continua es una alternativa saludable al perfeccionismo. Implica reconocer que siempre hay margen para mejorar, pero sin la expectativa irreal de ser perfecto. En lugar de buscar la operación perfecta, un inversor que practica la mejora continua se enfoca en refinar su estrategia, ajustar su gestión de riesgos y aprender de cada experiencia, sin importar si el resultado fue positivo o negativo. Este enfoque permite una evolución constante y una visión más clara de lo que realmente importa: la consistencia y la disciplina.

Un *trader* que adopta la mejora continua entiende que el objetivo no es evitar todas las pérdidas, sino minimizar su impacto y maximizar el aprendizaje. Esta mentalidad reduce la presión emocional, ya que el enfoque se desplaza de "debo ganar en cada operación" a "debo operar de acuerdo con mi plan y aprender de cada resultado". Al eliminar la carga de la perfección, el inversor puede operar con más claridad y efectividad, alineándose mejor con las condiciones del entorno. Además, la mejora continua implica una actitud abierta hacia el aprendizaje, aceptando que cada día es una oportunidad para adquirir nuevos conocimientos y ajustar enfoques según sea necesario.

El equilibrio emocional es clave para cualquier inversor. La necesidad de ser perfecto crea un potencial excesivo que, en términos energéticos, se manifiesta como una tensión constante que busca ser compensada. Esta tensión lleva a errores, ya que el inversor está demasiado enfocado en evitar el fallo y pierde la capacidad de adaptarse a las circunstancias. En cambio, un enfoque equilibrado, donde se acepta que las pérdidas son parte natural del proceso, permite al *trader* mantener la calma y tomar decisiones racionales. La aceptación de la imperfección no solo reduce la ansiedad, sino que también mejora la capacidad del operador para reaccionar de manera adecuada ante situaciones inesperadas.

El perfeccionismo también puede generar una visión distorsionada del éxito en el *trading*. Para algunos, el éxito significa no cometer errores y ganar siempre, pero esta visión no es realista. El verdadero éxito radica en la consistencia, la disciplina y la capacidad de mantenerse en esta actividad a largo plazo. Esto solo es posible si el inversor aprende a lidiar con la imperfección y a aceptar que cada operación, sea ganadora o perdedora, es una oportunidad para aprender y crecer. La consistencia, más que la perfección, es lo que diferencia a los operadores exitosos de aquellos que abandonan tras enfrentar obstáculos.

La búsqueda de la perfección es una trampa que puede limitar severamente el crecimiento de un operador. En lugar de luchar por ser perfecto, el *trader* debe enfocarse en la mejora continua, aceptando que los errores son inevitables y que cada experiencia, buena o mala, aporta valor. Adoptar una mentalidad de mejora continua permite reducir la presión emocional, operar con mayor claridad y desarrollar una relación más saludable con el *trading*. Al centrarse en el proceso y no en el resultado, el inversor puede encontrar satisfacción y crecimiento en cada paso del camino.

La clave está en aceptar que el *trading* es un proceso de aprendizaje constante y que la perfección no es el objetivo, sino el progreso. Al dejar de lado la necesidad de ser perfecto y abrazar la imperfección como parte del camino, el operador se libera de una carga innecesaria y puede enfocarse en lo que realmente importa: ser consistente, disciplinado y aprender de cada paso dado en su camino hacia el éxito. Esta mentalidad no solo mejora el rendimiento en esta actividad, sino que también contribuye a una vida más equilibrada y satisfactoria, donde el *trading* se convierte en una actividad enriquecedora y no en una fuente constante de estrés y frustración.

El operador que aprende a aceptar la imperfección y se enfoca en el progreso continuo desarrolla una resiliencia que lo mantiene firme frente a los desafíos del entorno. Esta resiliencia, combinada con una mentalidad de mejora constante, es la verdadera clave para lograr el éxito sostenible en el *trading*. En lugar de obsesionarse con evitar errores, el *trader* debe ver cada error como una oportunidad para crecer, entendiendo que el verdadero valor del *trading* no está en evitar el riesgo, sino en aprender a navegarlo de manera efectiva y consciente.

La importancia es uno de los mayores obstáculos que cualquier operador enfrenta, ya que crea potencial excesivo que puede desencadenar fuerzas equiponderantes en nuestra contra. Para entender este concepto en profundidad, es útil primero explorar cómo se manifiesta la importancia en la vida cotidiana, tal como lo expone Vadim Zeland.

Vadim Zeland explica la importancia en dos formas principales: la importancia interior y la importancia exterior. Ambos tipos de importancia tienen el poder de generar tensión y desequilibrio, lo cual desencadena problemas debido a la intervención de las fuerzas equiponderantes, fuerzas que intentan restablecer el equilibrio energético.

Importancia interior

Este tipo de importancia se manifiesta como una sobrevaloración de nuestras propias cualidades o defectos. Una persona podría pensar: "Soy alguien muy especial" o "Mi trabajo es extremadamente importante". En estos casos, la persona está atribuyendo un valor elevado a su papel en el mundo, lo cual genera un potencial excesivo que las fuerzas del equilibrio intentan compensar. Esta compensación puede ocasionar circunstancias que "bajen de la nube" al individuo, como fracasos o decepciones. Del mismo modo, la importancia interior también se manifiesta de manera negativa cuando una persona se subestima y se autohumilla, generando igualmente un desequilibrio que se traduce en obstáculos y contratiempos.

Por ejemplo, piensa en alguien que se prepara para dar una presentación y está convencido de que debe ser perfecta porque siente que su valor depende de ella. Esta creencia provoca ansiedad y hace que la persona se sienta sobrecargada. Irónicamente, este exceso de presión puede dar como resultado que la presentación salga mal, justo lo contrario de lo que se buscaba.

Importancia exterior

La importancia exterior ocurre cuando atribuimos demasiada significación a circunstancias externas. Su fórmula es: "Esto tiene mucha importancia para mí" o "Este evento determinará mi futuro". Piensa que cruzas un tronco que está tendido en el suelo. Probablemente, lo harías sin problemas porque no le das demasiada importancia. Ahora imagina que el mismo tronco está colocado entre dos edificios altos. Aunque sigue siendo el mismo tronco, la situación cambia porque la importancia de no caer se vuelve inmensa, lo cual aumenta la tensión y la probabilidad de cometer un error.

Otro ejemplo de importancia exterior podría ser una entrevista de trabajo. Si una persona considera que conseguir ese trabajo es vital para su futuro, esa importancia excesiva le generará una gran presión, lo cual podría causar nervios y errores durante la entrevista. De nuevo, el potencial excesivo creado por la importancia termina perjudicando el resultado deseado.

El Arte del Trading Cuántico ∞ John Carballar

Reducir la importancia no significa ser indiferente o despreocupado, sino más bien evitar darle un valor desmesurado a situaciones, cualidades o logros. De esta forma, evitamos crear tensiones innecesarias y permitimos que las cosas fluyan de manera más natural.

La importancia también tiene un impacto profundo en el mundo del *trading*, donde la gestión emocional es clave para el éxito. Los operadores suelen enfrentar tanto la importancia interior como la exterior, y ambas pueden afectar su rendimiento de manera negativa.

Importancia interior en el *Trading*

La importancia interior puede manifestarse como una sobrevaloración de nuestras habilidades o como una necesidad de demostrar algo a nosotros mismos o a los demás. Un *trader* podría pensar: "Debo ser un operador exitoso para probar mi valía". Esta mentalidad crea una presión enorme que afecta su capacidad para tomar decisiones objetivas. Además, si el inversor sufre una pérdida, podría tomarla de manera personal, como si su valor como individuo estuviera en juego. Este enfoque lleva a un ciclo de ansiedad y frustración que impide aprender de los errores y crecer como *trader*.

Otro ejemplo de importancia interior es cuando un operador se aferra a una idea de que debe tener razón en cada operación. Esta necesidad de tener la razón a toda costa puede hacer que el inversor mantenga una posición perdedora por demasiado tiempo, con la esperanza de que el mercado cambie a su favor. Esta actitud no solo puede llevar a grandes pérdidas, sino que también impide al operador desarrollar una mentalidad flexible y adaptativa, que es crucial para tener éxito.

Importancia Exterior en el *Trading*

La importancia exterior, por otro lado, surge cuando el *trader* atribuye demasiado valor a una operación o a un evento externo. Por ejemplo, podría pensar: "Es fundamental que esta operación sea exitosa porque necesito recuperar mis pérdidas" o "Este anuncio económico determinará mi éxito financiero". Este tipo de enfoque genera estrés y hace que el inversor actúe por impulso, basándose en emociones y no en un análisis objetivo. Tal como en el ejemplo del tronco entre dos edificios, cuanto más importante sea para el *trader* que una operación resulte perfecta, mayor será la probabilidad de cometer errores.

La importancia exterior también puede manifestarse cuando un operador coloca toda su esperanza en un solo indicador o análisis. Esto lleva a una dependencia excesiva en herramientas externas, sin considerar otros factores que podrían influir en el entorno. Al hacer esto, el inversor corre el riesgo de quedar atrapado en una visión limitada y perder oportunidades valiosas para adaptarse a las condiciones cambiantes.

Muchas veces pensamos que estamos haciendo las cosas bien, pero nuestra percepción puede estar sesgada, y cometemos el error de limitar nuestra actitud y comportamiento exclusivamente al ámbito del *trading*. Es fundamental comprender que el *trading* es un reflejo de nosotros mismos: de nuestra actitud, hábitos y vida en general.

De cierta manera, TÚ eres el negocio. El *trading* lleva tu esencia, es un espejo de tu vida. Dicho esto, una buena forma de verificar si realmente estás cambiando tus patrones de comportamiento y emoción es observar tus relaciones personales y familiares. Una de las maneras más sencillas es evaluar cómo es tu relación con tu pareja. ¿Tienes una relación sana o una relación tóxica? Si tienes una pareja atractiva, necesitas una autoestima sólida para evitar caer en patrones de pensamiento autodestructivos.

Si piensas —o alguien más te dice— "mi pareja es muy atractiva, quizá yo no soy lo suficientemente bueno o atractivo", tu mente comenzará a crear escenarios que solo reafirmarán esa creencia de que no eres digno de tener una pareja atractiva. Podrías empezar a imaginar que te está ocultando algo o a sacar conclusiones basadas en comportamientos que percibes como extraños. Esto generará dudas en tu cabeza, creando una serie de eventos mentales que solo te llevarán a un espiral de pensamientos negativos, en la que todo parece confirmar tus suposiciones.

Estás originando en tu mente un resultado que aún no existe, basado en suposiciones y rumores. ¿Cómo manejar estas situaciones? Detente y reflexiona si acaso le estás dando demasiada importancia. Enfócate en lo que sí puedes controlar. Lo único sobre lo que tienes control al 100 % son tus pensamientos. No puedes controlar eventos externos ni a otras personas. Solo queda esperar el mejor resultado posible, y si no es favorable, no te culpes ni te hundas en la desesperanza.

Así es la vida. Pon tu atención en lo que puede salir bien y deja de lado lo que podría salir mal, porque al final de cuentas no está en tus manos. Como dice la ley de Murphy: "si algo puede salir mal, saldrá mal", pero lo que debemos hacer cuando las cosas no salen como esperamos es aceptar el resultado y aprender de él.

Para alcanzar la armonía emocional, es fundamental reducir tanto la importancia interior como la exterior. En lugar de ver cada operación como una prueba de nuestra valía o como un evento que definirá nuestro futuro, es más útil adoptar una actitud de curiosidad y aprendizaje. Cada operación es solo una de muchas, y ninguna por sí sola define nuestro éxito o fracaso como operadores.

El objetivo es operar con disciplina y consistencia, sin dejarse llevar por la necesidad de ser perfecto o por el miedo a perder. Al reducir la importancia, el *trader* se libera del peso emocional que interfiere con su habilidad para actuar racionalmente. Cuando se deja de lado la importancia excesiva, se abren nuevas oportunidades para operar de manera más efectiva y, en última instancia, disfrutar del proceso de *trading* sin la carga constante de la ansiedad y el estrés.

Una estrategia práctica para reducir la importancia es enfocarse en el proceso y no en el resultado de cada operación. Esto significa establecer un plan de *trading* claro y seguirlo con disciplina, independientemente de si una operación resulta ganadora o perdedora. Al centrar la atención en la ejecución del plan y en el aprendizaje continuo, el inversor disminuye la presión sobre cada resultado individual y se enfoca en mejorar sus habilidades a largo plazo.

Estrategias para manejar la importancia

1. Establecer expectativas realistas: Tener expectativas realistas es crucial para evitar la creación de importancia excesiva. En lugar de esperar resultados inmediatos o éxitos garantizados, un *trader* debe comprender que el proceso de aprender y mejorar lleva tiempo y que las pérdidas son una parte natural del camino.

2. Separar el ego de los resultados: En el *trading*, el ego suele ser una fuente importante de importancia interior. Separar el resultado de una operación de la autoestima personal puede ayudar a mantener una perspectiva más objetiva. El éxito o fracaso de una operación no define al operador como persona.

3. Práctica del Desapego: Practicar el desapego de los resultados puede ser una herramienta poderosa. Esto no significa ser indiferente, sino aceptar los resultados, ya sean positivos o negativos, sin que afecten significativamente el estado emocional del *trader*. Esta mentalidad permite una mejor adaptación y mayor resiliencia frente a las fluctuaciones del mercado.

La importancia es uno de los principales obstáculos que impiden a los operadores alcanzar su máximo potencial. Ya sea una importancia interior, que lleva a la sobrevaloración de uno mismo, o una importancia exterior, que exagera la relevancia de una operación o evento, ambas generan tensiones que afectan negativamente el rendimiento.

Reducir la importancia no significa operar sin pasión ni compromiso, sino más bien aprender a liberar la presión innecesaria y aceptar que, las pérdidas y los errores son parte del proceso. Al hacerlo, el operador puede tomar decisiones más objetivas, aprender de cada experiencia y, sobre todo, disfrutar del viaje sin las cadenas de la perfección y la ansiedad. Como dijo Zeland, al reducir la importancia, entramos en equilibrio con el mundo que nos rodea y recuperamos la libertad de elegir nuestras acciones sin ser esclavos de expectativas excesivas.

El *trading*, en última instancia, es un proceso de aprendizaje continuo. Al dejar de lado la importancia excesiva y centrarse en la mejora progresiva, el *trader* puede operar con mayor claridad, confianza y satisfacción. La verdadera libertad en el *trading* no proviene de controlar cada aspecto del mercado, sino de liberarse de las ataduras emocionales y operar desde un lugar de equilibrio y consciencia. Reducir la importancia nos permite acceder a un estado mental más efectivo, donde cada decisión se toma con tranquilidad y sin el peso del miedo o la arrogancia, lo cual nos lleva a una práctica de *trading* mucho más exitosa y sostenible a largo plazo.

De la lucha al equilibrio

El camino del *trading* puede sentirse a menudo como una lucha constante contra el mercado, las emociones y las expectativas propias. Sin embargo, este enfoque combativo nos lleva a enfrentarnos con lo que Vadim Zeland denomina "fuerzas equiponderantes" o "fuerzas equilibrantes", esas energías que intentan restablecer el equilibrio cuando se genera un potencial excesivo. En lugar de luchar contra estas fuerzas, la clave está en eliminar la causa del desequilibrio: la importancia.

La importancia es la fuente de la mayoría de nuestros problemas en el *trading*. Cuando damos demasiada relevancia a un evento, una operación o a nuestra percepción de nosotros mismos como operadores, creamos un potencial excesivo que desencadena fuerzas que actúan en nuestra contra. Este desequilibrio se manifiesta como frustración, ansiedad y decisiones impulsivas que a menudo llevan a resultados negativos.

Cada vez que intentamos forzar resultados en nuestra actividad, estamos, en efecto, construyendo un muro de importancia. Puede que queramos superar una pérdida rápidamente, recuperar capital de una mala operación o probar nuestra valía con un éxito espectacular. Este muro, construido sobre el fundamento de la importancia, se convierte en un obstáculo que nosotros mismos hemos creado. En lugar de tratar de escalarlo o romperlo con la cabeza, Zeland sugiere una solución más sencilla: sacar un ladrillo de la base para que la pared se derrumbe por sí sola. Ese ladrillo es la importancia que hemos dado a la situación.

Cuando enfrentamos una situación complicada, es útil preguntarnos: ¿Dónde estoy excediendo los límites? ¿A qué le estoy dando demasiada importancia? Una vez identificada esa importancia, debemos renunciar a ella. La lucha no es la solución; la solución es disminuir la importancia.

Disminuir la importancia no significa volverse indiferente o desinteresado respecto al *trading*. Más bien, implica abordar el proceso de manera más relajada y fluida, sin exagerar ni rebajar el valor de nuestras acciones o resultados. Si atribuimos demasiada significación a una operación, aumentamos la tensión, lo cual, irónicamente, reduce nuestras probabilidades de éxito.

Imagina que tienes una operación que consideras clave para determinar tu futuro como *trader*. Le has dado tanta importancia que cada pequeño movimiento en las condiciones del mercado te causa ansiedad, afectando tu capacidad de tomar decisiones racionales. Esta actitud no solo crea tensión y miedo, sino que también incrementa la posibilidad de cometer errores. Al disminuir la importancia de esta operación específica y verla como una parte del proceso continuo de aprendizaje, eliminamos el potencial excesivo y permitimos que el equilibrio regrese.

Para dejar de luchar y empezar a moverse hacia el balance mental, es esencial desarrollar una actitud filosófica hacia el *trading*. No se trata de menospreciar nuestras metas ni de rendirnos ante las circunstancias, sino de aceptar que no siempre podemos controlar el mercado y que cada operación es solo una más dentro de un largo recorrido.

Al reducir la importancia de cada resultado individual, eliminamos el potencial excesivo y evitamos la intervención de las fuerzas equiponderantes. La clave está en establecer mecanismos de seguridad o "vías de escape". Estos mecanismos nos ayudan a relajarnos y reducir la tensión. Por ejemplo, un *trader* podría asegurarse de que cada operación tenga un *stop loss* definido para evitar pérdidas excesivas. Al saber que el riesgo está controlado, la importancia de cada operación disminuye, permitiendo una actitud más tranquila y objetiva.

Otra herramienta poderosa para reducir la importancia es el sentido del humor. Ser capaz de reírnos de nuestras pérdidas o errores, sin malicia, nos permite liberar tensión y evitar que la importancia crezca. Esto no significa que debamos tomar el *trading* a la ligera, sino que debemos evitar que nuestros errores se conviertan en una fuente de angustia y autoexigencia desmedidas.

Para aplicar este concepto de equilibrio, cada vez que te prepares para realizar una operación, busca cualquier signo de importancia que pueda surgir en ti. Si una operación realmente tiene mucha relevancia para ti, evita aumentar esa importancia. La mejor manera de hacerlo es adoptar una actitud de improvisación y flexibilidad. Prepárate para actuar, pero no sobreanalices ni exageres la preparación, ya que esto solo incrementará la tensión y la importancia.

El enfoque debe estar en el proceso, no en el resultado. Si logras desviar la atención del objetivo final (como ganar dinero) y la enfocas en el proceso de ejecutar tu estrategia de manera disciplinada, las fuerzas equiponderantes no interferirán. Esto te permitirá operar con una mayor tranquilidad, sin la carga emocional que puede llevar a decisiones impulsivas.

Recuerda que la importancia se filtra en nuestros pensamientos de manera similar a cómo los músculos se tensan involuntariamente cuando estamos estresados. Al igual que relajamos conscientemente los músculos tensos, debemos aprender a relajar nuestra mente y soltar la importancia que estamos atribuyendo a cada operación. Mantener un "celador interno" que vigile constantemente nuestro estado emocional y nuestras expectativas nos ayudará a mantenernos en equilibrio.

Es esencial recordar que cada operación individual no determina nuestro éxito general como operadores. Lo que realmente importa es el rendimiento acumulado a lo largo del tiempo. Cuando reducimos la importancia de cada operación, podemos centrarnos en mejorar continuamente, en lugar de tratar cada resultado como un juicio de nuestro valor personal.

Una estrategia útil es centrarse en la mejora del proceso en lugar de en el resultado inmediato. Evalúa tu rendimiento basándote en cómo seguiste tu plan de *trading*, no en si la operación fue ganadora o perdedora. Esto disminuye la presión emocional y te permite operar de una manera más racional.

Además, no olvides diversificar tus esfuerzos y no poner todas tus expectativas en una sola operación o estrategia. Si una operación tiene un mal resultado, no es el fin del mundo. Tener un enfoque diversificado en diferentes estrategias y enfoques reduce la importancia de cada evento y ayuda a mantener una perspectiva más equilibrada.

Una de las formas más efectivas de pasar de la lucha al equilibrio es a través del sentido del humor. Reírse de uno mismo y de los errores que cometemos en el *trading*, sin malicia, nos permite soltar tensiones acumuladas y nos protege de caer en la trampa de la importancia. Un *trader* que es capaz de reconocer sus fallos y aprender de ellos sin tomarse demasiado en serio es un operador que puede mantenerse en equilibrio incluso en las situaciones más desafiantes. El humor es una poderosa herramienta que nos permite aceptar nuestra humanidad, nuestras imperfecciones y el hecho de que no siempre controlamos todo lo que ocurre en nuestro entorno.

Pasar de la lucha constante al equilibrio en el *trading* no es algo que ocurra de la noche a la mañana. Requiere introspección y práctica constante. Pero al aprender a reducir la importancia, tanto interior como exterior, los *traders* pueden operar de manera más eficiente y tranquila, evitando el sabotaje emocional que frecuentemente acompaña a la actividad del *trading*.

El sentido del humor, una actitud relajada y la capacidad de enfocarse en el proceso en lugar de en los resultados son herramientas clave para encontrar el balance mental. Al dejar de luchar contra nuestras propias emociones y las condiciones del mercado, podemos empezar a fluir con los movimientos del entorno y a alcanzar nuestros objetivos de una manera más armoniosa y efectiva.

La verdadera libertad no proviene de controlar cada aspecto del mercado, sino de liberarse de las ataduras emocionales y operar desde un lugar de equilibrio. Reducir la importancia nos permite acceder a un estado mental más efectivo, donde cada decisión se toma con tranquilidad y sin el peso del miedo o la arrogancia, lo cual nos lleva a una práctica de *trading* mucho más exitosa y sostenible a largo plazo.

Resumen

- El potencial excesivo surge al darle demasiada importancia a una situación en el *trading*. Mantén la perspectiva y evita exagerar la relevancia de un único resultado.
- Cuando hay potencial excesivo, las fuerzas equilibrantes actúan para eliminarlo, a menudo provocando resultados opuestos a los deseados. Evita obsesionarte con el éxito o el fracaso.
- Mantén una vigilancia activa sobre tus emociones. Evita el descontento o la frustración, ya que te ponen en desventaja en el *trading*.
- Reemplaza las reacciones negativas con una actitud positiva para operar con mayor claridad y evitar que las fuerzas equilibrantes actúen en tu contra.

- Crear dependencia con el resultado de una operación genera potencial excesivo. Evita idealizar una estrategia o una oportunidad de *trading*.
- Para tener éxito, opera con desapego, admirando el proceso sin aferrarte al resultado.
- Cuánta mayor importancia se atribuye a un objetivo, menor es la probabilidad de alcanzarlo. Disminuir la relevancia de una operación permite que las intenciones se cumplan sin bloqueos.
- Renuncia al sentimiento de culpa por las pérdidas y la necesidad de justificarse. Aprende de los errores y sigue adelante sin autocríticas severas para liberar la carga emocional.
- Ve el dinero como un atributo acompañante, no como el objetivo principal. Acepta tanto ganancias como pérdidas con serenidad.
- Al renunciar a la importancia, obtenemos verdadera libertad de elección. Para cumplir nuestros deseos en el *trading*, elimina la relevancia excesiva de cada operación.
- La preocupación constante genera potencial excesivo. Cuida tu salud mental y emocional sin obsesionarte con los resultados, permitiendo operar de manera equilibrada y efectiva.

Capítulo V

Transición inducida

El tema de la "Transición Inducida" aborda un fenómeno psicológico y emocional que ocurre de manera colectiva, donde cada generación tiende a pensar que el pasado era mejor. Este concepto se aplica a cómo los operadores perciben el entorno financiero y su rendimiento con el tiempo. A menudo, idealizan los primeros momentos en los que descubrieron los mercados financieros, creyendo que eran tiempos más simples y mejores, cuando, en realidad, esta percepción está influenciada por nuestras emociones. Esto puede llevar a decisiones basadas en nostalgia, dificultando la capacidad de adaptación a las condiciones actuales. Para el *trader*, aprender a identificar esta tendencia es crucial para evitar errores que puedan limitar su progreso.

Imagina por un momento cómo te sentías al comenzar en el mundo del *trading*. Todo era emocionante, cada pequeño triunfo se sentía como una gran victoria, y había una sensación de posibilidades ilimitadas. Había una chispa de aventura, una emoción constante por aprender y la convicción de que el mundo financiero estaba lleno de oportunidades para explorar. Cada día parecía una nueva posibilidad de crecimiento y éxito. Con el tiempo, es natural que los operadores vean esos momentos iniciales con nostalgia, pensando que las condiciones eran más "favorables".

Esta es una trampa común: la «Transición Inducida» hacia una visión idealizada del pasado y la creencia de que el presente es más complicado. Esta creencia puede obstaculizar el desarrollo de una mentalidad de éxito, desconectando al *trader* del presente y de las realidades actuales del entorno financiero. El problema radica en que este pensamiento nostálgico puede llevar al inversor a decisiones basadas en emociones y no en la realidad actual, afectando su desempeño y capacidad de tomar decisiones efectivas.

Cuando un inversor enfrenta períodos de desilusión o pierde confianza, puede caer en una «transición inducida» hacia líneas de vida que percibe como menos favorables. Esto sucede porque nuestras emociones juegan un papel importante en cómo interpretamos nuestra realidad. Al enfocarse en lo negativo, el inversor afecta sus decisiones y la forma en que percibe el entorno. Cada pensamiento negativo se convierte en una barrera que impide ver oportunidades, incluso cuando están justo frente a él, reforzando la percepción de que "antes era mejor" y llevando a una espiral de autolimitación y frustración.

La frustración puede hacer que el *trader* sienta que las circunstancias están en su contra, lo cual solo incrementa el ciclo de negatividad y provoca más errores. Esta dinámica es especialmente peligrosa porque puede llegar a ser un ciclo que se retroalimenta: los malos resultados generan pensamientos negativos, y estos pensamientos negativos llevan a peores resultados.

Para ilustrar mejor este concepto, pensemos en un ejemplo de la vida cotidiana. Imagina que has comenzado un nuevo trabajo. Al principio, todo es emocionante: los nuevos desafíos, los colegas, el aprendizaje constante. Todo parece lleno de posibilidades. Pero con el tiempo, empiezas a notar los aspectos negativos: quizá el salario no es el mejor, a veces tienes que salir más tarde, presión, tareas repetitivas. Gradualmente, te enfocas en lo negativo y pierdes la motivación. ¿Realmente ha cambiado el trabajo o ha cambiado tu percepción?

En realidad, el trabajo sigue igual, pero la energía negativa acumulada te ha hecho perder de vista lo que lo hacía interesante. Este es un ejemplo de una "transición inducida", donde el enfoque en lo negativo crea una versión menos favorable de la misma realidad. En el *trading*, sucede algo similar cuando nos aferramos a la creencia de que antes era más fácil o más justo. La realidad es que siempre ha sido complejo y siempre ha tenido sus desafíos; lo que cambia es cómo elegimos interpretarlo y cómo nos adaptamos. Si permitimos que nuestra percepción se vea dominada por la negatividad, perderemos de vista las oportunidades que siempre están presentes, incluso en los momentos más difíciles.

Una de las claves para evitar esta transición negativa es entender que el entorno financiero no se degrada por sí mismo; lo que cambia es nuestra interpretación de él. El mercado, como siempre digo, es un ente neutral: no tiene intenciones, no se "vuelve en tu contra" ni conspira para hacerte perder. Es nuestra actitud y percepción lo que cambia, y eso es lo que debemos aprender a regular si queremos mantenernos en un estado mental que favorezca nuestras decisiones.

En lugar de pensar que las condiciones han cambiado para peor, es más útil asumir que el entorno está en constante cambio y que nuestra habilidad para adaptarnos define nuestro éxito o fracaso. Al aceptar el cambio como constante, podemos aprender a fluir con las circunstancias. Adoptar esta perspectiva nos permite ver los cambios como oportunidades de aprendizaje y mejora, en lugar de verlos como obstáculos. Si el entorno cambia, también nosotros debemos cambiar y adaptarnos. La clave está en mantenernos flexibles y dispuestos a evolucionar junto con las condiciones.

Mantener una actitud consciente es crucial para evitar caer en ciclos de pensamiento negativo. Cuando un trade no sale como esperabas, es fácil caer en la trampa de pensar que todo ya no es el mismo o que las condiciones se han vuelto insuperables. Pero, ¿qué pasaría si, en lugar de enfocarte en la pérdida, decidieras verlo como una oportunidad para aprender algo nuevo sobre el mercado o incluso sobre ti mismo? Cada error u obstáculo puede ser una lección valiosa. Al adoptar esta perspectiva, cada pérdida se convierte en una oportunidad para mejorar y ajustar tu enfoque.

No se trata de ignorar las pérdidas, sino de verlas como un componente inevitable y beneficioso del proceso de aprendizaje. De cada operación fallida se puede extraer una enseñanza que, aplicada correctamente, puede marcar una diferencia significativa en el futuro. La verdadera diferencia entre un *trader* exitoso y uno que no lo es radica en la capacidad de este último para aprender de sus errores sin permitir que lo definan.

El *trading* no se trata solo de analizar gráficos y aplicar estrategias; también se trata de entender cómo tus emociones influyen en tus decisiones. Aceptar que el entorno cambia constantemente y que lo que funcionó en el pasado puede no funcionar en el presente es parte del crecimiento como inversor. La habilidad de desapegarse del pasado y enfocarse en el presente es fundamental para tener éxito a largo plazo. Para superar la "Transición Inducida", es necesario trabajar en la mentalidad.

Técnicas como el mindfulness pueden ser muy útiles, ya que te ayudan a mantenerte enfocado en el presente y a aceptar las cosas tal como son, sin juzgarlas ni compararlas con el pasado. La práctica de la atención plena te permite observar tus pensamientos y emociones sin apegarte a ellos, lo cual es esencial para evitar que los patrones de pensamiento negativos se arraiguen y afecten tu comportamiento como *trader*. Estar presente en cada momento y actuar desde la conciencia plena puede marcar la diferencia entre reaccionar emocionalmente y responder de manera racional y efectiva.

Además, es importante rodearte de herramientas y hábitos que favorezcan una visión objetiva del mercado. Llevar un diario de *trading* no solo te permite llevar un registro de tus operaciones, sino también de tus emociones y pensamientos en cada momento. Esto te ayudará a identificar patrones negativos y a corregirlos antes de que se conviertan en un obstáculo para tu progreso. Un diario de *trading* te permite reflexionar sobre tus decisiones, entender por qué tomaste ciertas acciones y cómo mejorar en el futuro.

También es útil tener una rutina de análisis que te permita revisar de manera desapasionada lo que ha sucedido, enfocándote en hechos y no en interpretaciones subjetivas. Esta rutina puede incluir una revisión semanal o mensual de tus operaciones, donde puedas identificar patrones y ajustar tus estrategias de acuerdo a lo aprendido. Reflexionar regularmente sobre tus trades te ayudará a mantener una mentalidad enfocada en el aprendizaje continuo, lo cual es clave para el crecimiento a largo plazo.

Este capítulo podría agregar mucho valor a tu carrera si se enfoca de manera correcta. Podríamos centrarnos en cómo evitar caer en ciclos de pensamiento negativo después de un mal trade y cómo recuperar la confianza y la claridad. Por ejemplo, podríamos destacar la importancia de tener un sistema de reglas claras que mantenga la objetividad y disciplina, incluso cuando las emociones amenazan con descontrolarse. Un sistema bien definido no solo proporciona estructura para la toma de decisiones, sino que también reduce la influencia de las emociones en momentos de incertidumbre.

Tener reglas claras y definidas elimina la ambigüedad en momentos críticos y permite actuar con mayor confianza y seguridad. El mercado siempre ofrecerá oportunidades, pero solo quienes se mantengan en el estado mental adecuado podrán aprovecharlas. Tener una estructura clara y apegarse a ella puede ser la diferencia entre actuar por impulso y tomar decisiones informadas.

Recuerda, el mercado no es ni tu enemigo ni tu amigo; simplemente es. Tú decides cómo interactuar con él. Si puedes evitar la trampa de idealizar el pasado y mantener una actitud abierta y positiva hacia el presente, estarás un paso más cerca de lograr tus objetivos como *trader*. La «Transición Inducida» no es algo inevitable; es simplemente una señal de que necesitas reajustar tu enfoque y volver a centrarte en lo que realmente importa: tu crecimiento y evolución como *trader*. Cada momento enfocado en el pasado es un momento perdido para actuar en el presente y construir un futuro mejor.

La clave está en aceptar el cambio, aprender de cada experiencia y mantener una mentalidad de crecimiento. Si logras hacer esto, no solo serás un mejor *trader*, sino también una persona más resiliente y adaptable, capaz de enfrentar cualquier desafío que la vida o el entorno financiero ponga en tu camino. Cada experiencia en el mercado, sea buena o mala, es una oportunidad para crecer y mejorar. Al adoptar esta mentalidad, no solo desarrollas tus habilidades técnicas, sino que también fortaleces tu carácter y capacidad de resiliencia, características esenciales para tener éxito a largo plazo en el mundo del *trading*.

Embudo del péndulo

El concepto del "Embudo del Péndulo" se refiere a cómo los péndulos, fuerzas externas que manipulan nuestras emociones, nos arrastran hacia una espiral de negatividad. En el contexto del *trading*, el embudo del péndulo se manifiesta cuando los operadores quedan atrapados en la narrativa negativa del entorno financiero. Este fenómeno puede llevar a los operadores a concentrarse desproporcionadamente en las noticias negativas, en las pérdidas y en el miedo, mientras que las oportunidades positivas pasan desapercibidas. Es un ciclo autodestructivo en el que los pensamientos negativos generan más pensamientos negativos, y el *trader* se hunde más profundamente en el "embudo".

La naturaleza humana tiene una tendencia a reaccionar con mayor intensidad a los eventos negativos, algo que se remonta a nuestros instintos primitivos de supervivencia. Esta inclinación tiene sentido desde una perspectiva evolutiva, ya que nuestros antepasados necesitaban prestar más atención a las amenazas para garantizar su supervivencia. Por otro lado, en el contexto del *trading*, esta tendencia nos juega en contra.

Los operadores tienden a reaccionar con mayor fuerza a las noticias de pérdidas, caídas en las condiciones financieras o predicciones negativas, lo cual capta su atención de manera mucho más poderosa que las noticias positivas o los avances del mercado. Esto crea una situación en la que los operadores se sienten atrapados en un ciclo constante de preocupación, miedo y estrés, que los lleva a tomar decisiones irracionales. El embudo del péndulo comienza cuando el *trader* permite que estas emociones controlen sus decisiones, incrementando así la probabilidad de cometer errores y perpetuar el ciclo de negatividad.

Es posible que un inversor tenga conocimiento de una noticia negativa que afecta al entorno financiero, tales como una disminución drástica de los índices debido a una circunstancia política o económica. Esta noticia se convierte en el primer "empujón" del péndulo. Si el inversor reacciona con miedo o ansiedad, comenzará a concentrarse en esa narrativa, buscando más información negativa, discutiéndola con otros y reforzando la idea de que las condiciones están en su contra. Este enfoque no solo consume su tiempo y energía, sino que también le impide ver el panorama completo y las oportunidades que podrían estar surgiendo. Cada vez que el *trader* refuerza esta narrativa, la oscilación del péndulo se intensifica, haciendo que su mente se sintonice cada vez más con la frecuencia de ese miedo y esa narrativa negativa.

Los eventos geopolíticos y las guerras son ejemplos poderosos de cómo los factores externos pueden desencadenar este embudo del péndulo. Cuando ocurren conflictos armados, crisis políticas o tensiones internacionales, el flujo constante de noticias negativas tiende a captar la atención de los operadores de manera desproporcionada. Estos eventos generan miedo e incertidumbre en el ámbito financiero, lo cual lleva a muchos inversores a actuar de manera impulsiva y errática.

La cobertura mediática de estos eventos suele ser intensamente negativa y alarmista, exacerbando aún más la ansiedad de los operadores, haciéndoles sentir que deben reaccionar rápidamente para proteger su capital. Como resultado, los inversores son arrastrados a un ciclo de miedo y reactividad, tomando decisiones basadas en el pánico en lugar de un análisis objetivo y racional.

En un conflicto internacional, las noticias suelen estar repletas de información que resalta la inestabilidad y el peligro. Los operadores que siguen estas noticias pueden verse abrumados por la sensación de que el entorno se volverá cada vez más caótico, y empiezan a tomar decisiones apresuradas para evitar pérdidas mayores. A menudo, esta actitud les lleva a vender activos en el peor momento posible, solo para ver cómo las condiciones se recuperan después de un tiempo, lo cual alimenta su frustración y refuerza aún más el embudo del péndulo. Este tipo de comportamiento se basa en la reacción emocional, no en un análisis cuidadoso de las posibilidades y riesgos, lo cual es el verdadero problema detrás de la espiral negativa.

El problema principal es que, a medida que el *trader* se enfoca más en estas noticias negativas, su percepción del entorno financiero se distorsiona. El miedo y la ansiedad empiezan a colorear toda su visión, haciendo que busque y encuentre solamente evidencia que confirme su estado emocional. Ignora cualquier señal que pueda indicar una oportunidad positiva. Podría dejar pasar un patrón técnico claro que indica una buena entrada, simplemente porque su mente está completamente absorbida por el miedo a que las condiciones empeoren aún más. Esta actitud convierte al *trader* en una víctima del péndulo, atrapado en el embudo y arrastrado hacia líneas de vida donde el miedo y la desesperanza se convierten en su realidad predominante.

Para evitar caer en este embudo del péndulo, es fundamental que el inversor mantenga una perspectiva equilibrada y evite alimentar la fuerza colectiva con su propia energía. Esto significa aprender a reconocer cuándo se está reaccionando de manera emocional y tomar una pausa antes de actuar. La disciplina es clave: establecer reglas claras que limiten la influencia de las emociones en la toma de decisiones puede ayudar a prevenir que el *trader* se convierta en víctima de este ciclo negativo.

La medición de la respuesta emocional es una herramienta poderosa; si sientes que una noticia te está afectando demasiado, podrías optar por alejarte de las pantallas, respirar profundo y reevaluar con calma tu estrategia antes de tomar decisiones impulsivas. Este tipo de pausa puede ser la diferencia entre reaccionar de manera apresurada y responder de forma racional.

Además, es importante que los operadores sean conscientes de la naturaleza de las noticias y cómo estas son presentadas. Muchas veces, los titulares y la cobertura de eventos geopolíticos están diseñados para captar la atención, exagerando el dramatismo de la situación y provocando respuestas emocionales intensas. Los medios de comunicación tienen un interés en atraer audiencias, y eso muchas veces significa presentar las situaciones de la forma más alarmante posible. Los inversores deben aprender a filtrar la información, distinguir entre ruido y hechos relevantes, y evitar ser arrastrados por el pánico generalizado. Esto requiere una mentalidad crítica y la capacidad de desafiar la narrativa prevaleciente.

Desarrollar una rutina que incluya el análisis objetivo y limitar la exposición a los medios sensacionalistas puede ser clave para mantener la objetividad y evitar ser atrapado en el embudo del péndulo. Por ejemplo, los operadores pueden establecer horarios específicos para revisar las noticias y centrarse el resto del tiempo en el análisis técnico y fundamental. También es útil tener fuentes de información fiables y objetivas, en lugar de depender únicamente de las grandes cadenas mediáticas que tienden a dramatizar los eventos. Mantener un diario de *trading* donde se registren no solo las operaciones, sino también los pensamientos y emociones durante las mismas, puede ayudar a identificar patrones de reacción emocional y a corregirlos con el tiempo.

Otra técnica que puede ser muy útil es la práctica del mindfulness. Al aprender a estar presente y consciente del momento actual, los operadores pueden reducir el impacto de las emociones negativas y evitar ser arrastrados por la fuerza colectiva. La meditación y otras prácticas de atención plena pueden ayudar a los inversores a observar sus pensamientos sin reaccionar a ellos, lo cual es crucial para mantener la calma y la claridad en situaciones de alta volatilidad. Al estar plenamente consciente de sus emociones y de cómo estas afectan sus decisiones, el *trader* puede actuar desde un lugar de serenidad y objetividad, en lugar de ser empujado por el miedo o la euforia del momento.

En última instancia, evitar el embudo del péndulo se trata de desarrollar una mentalidad resiliente y disciplinada. Se trata de reconocer que, aunque los eventos externos como las guerras y las crisis políticas pueden tener un impacto significativo, el verdadero poder reside en cómo reaccionamos ante ellos. Los operadores que logran mantener una perspectiva equilibrada, que filtran adecuadamente la información y que evitan alimentar el ciclo de miedo, son aquellos que pueden navegar incluso las situaciones más turbulentas con éxito. La clave está en comprender que el entorno financiero es neutral; es nuestra interpretación y nuestra respuesta la que define si nos convertimos en víctimas del péndulo o en inversores conscientes y exitosos.

Resumen

- El «Embudo del Péndulo» describe cómo los operadores quedan atrapados en la narrativa negativa del mercado, enfocándose en las noticias y pérdidas en lugar de ver oportunidades.
- Los eventos geopolíticos y guerras pueden actuar como desencadenantes que arrastran a los inversores a la narrativa del miedo, generando decisiones impulsivas y perjudiciales.
- El concepto de "Catástrofe" explica cómo la exposición constante a información negativa puede llevar a los operadores a convertirse en víctimas de sus propias emociones, afectando sus resultados.
- Filtrar la información que recibimos y evitar sobreexponerse a noticias alarmistas es clave para mantener la objetividad en el *trading*.
- Practicar la neutralidad, evitar reacciones impulsivas y contribuir con contenido positivo son estrategias efectivas para no caer en el embudo del conflicto.

Capítulo VI

Corriente de las variantes

La «Corriente de las Variantes» es un concepto clave desarrollado por Vadim Zeland en su modelo de Transurfing. Este concepto describe un campo de información universal al que todos tenemos acceso y que contiene todos los posibles eventos, escenarios y descubrimientos que pueden manifestarse en nuestra realidad. En el pensamiento de Zeland, este campo representa la "matriz energética" o el patrón de lo que puede suceder y cómo se desarrolla, proporcionando así una fuente inagotable de inspiración, conocimiento e intuición.

La idea detrás de este concepto es que todo lo que existe, ha existido o puede existir, está disponible como información en esta corriente, y es nuestra capacidad de sintonizar con ella lo que nos permite acceder a nuevas ideas y visiones. Es un enfoque que redefine nuestra manera de entender la creatividad, el conocimiento y la conexión con el universo.

Según Zeland, el espacio de las variantes es un lugar donde la información existe en forma potencial antes de que se materialice en nuestra realidad. La mente consciente no tiene la capacidad directa de leer esta información, pero el subconsciente sí puede conectarse con ella. Es a través de esta conexión que surgen nuestros presentimientos, intuiciones, ideas creativas y descubrimientos.

La información llega primero al subconsciente, y luego la mente consciente la interpreta y la transforma en palabras, símbolos, música, arte, entre otros. Esta corriente de las variantes es, según Zeland, un regalo para la mente, aunque el ser humano no siempre se da cuenta de ello. Esta fuente de inspiración, que muchas veces es ignorada o malinterpretada, es en realidad un acceso directo a una sabiduría universal que va más allá de lo que el intelecto puede lograr por sí solo.

Para ilustrarlo, podemos pensar en cómo ciertos descubrimientos científicos o avances artísticos no han sido necesariamente el producto de un análisis lógico paso a paso, sino que a menudo parecen haber surgido "de la nada". Grandes inventos y obras maestras han sido inspirados por destellos repentinos de intuición, como si la información hubiese llegado de un lugar más profundo. Este lugar, según Zeland, es la corriente de las variantes, y el subconsciente es el canal que nos conecta con él.

La historia está llena de ejemplos de científicos y artistas que han tenido destellos de genialidad aparentemente espontáneos, como si la solución a un problema o la inspiración para una obra hubiesen sido "descargadas" desde un punto desconocido. Estos momentos de claridad, donde la solución o la inspiración parece llegar sin esfuerzo, son precisamente manifestaciones de la corriente de las variantes.

En este sentido, la mente consciente funciona como un "intérprete" de los datos que llegan desde el subconsciente, organizándolos y dándoles forma en el mundo material. No obstante, la mente, por sí sola, no puede crear algo completamente nuevo a partir de lo desconocido. La verdadera creatividad e inspiración provienen de la conexión con este campo de información universal, que es el que nos proporciona una perspectiva más amplia y fuera de los límites de la lógica estricta.

Esta conexión permite acceder a un nivel de conocimiento y creatividad que no está restringido por las limitaciones habituales del pensamiento racional. En lugar de crear desde cero, lo que hacemos es sintonizarnos con una fuente de información infinita y darle una forma tangible a través de nuestra mente consciente y nuestras habilidades.

Al contextualizar la «Corriente de las Variantes» en el *trading*, podemos ver cómo este concepto puede ayudar a los operadores a comprender mejor la importancia de la intuición y la conexión con su subconsciente. En lugar de depender únicamente de análisis técnicos y datos objetivos, los inversores podrían beneficiarse al prestar atención a sus corazonadas y sentimientos intuitivos, que son una forma de acceder a esta corriente de información.

La intuición no es simplemente una sensación al azar; es el subconsciente conectándose con el campo de las variantes y brindando información que puede ser útil para tomar decisiones. Los operadores que desarrollan la capacidad de escuchar y confiar en su intuición están aprovechando una fuente de información que va más allá de los gráficos y las cifras, y que puede proporcionarles una ventaja importante.

Un *trader* podría sentir un presentimiento inexplicable acerca de una operación, ya sea una señal positiva para entrar al mercado o una advertencia de que algo podría salir mal. Estos presentimientos no siempre pueden ser respaldados por datos concretos, pero muchas veces resultan ser acertados. Esto se debe a que el subconsciente tiene acceso a una información más amplia y profunda, y es capaz de detectar patrones y riesgos que la mente consciente podría pasar por alto.

El subconsciente está constantemente procesando información a un nivel que no siempre es accesible para la mente consciente, y es capaz de identificar señales sutiles que podrían ser indicadores de cambio en el entorno financiero. Confiar en estos presentimientos puede marcar la diferencia entre una operación exitosa y una pérdida evitada.

Aprender a fluir con la corriente de las variantes implica dejar de resistirse a la información que surge de nuestro interior y comenzar a confiar más en nuestras corazonadas y destellos de intuición. Esto no significa dejar de lado el análisis y operar exclusivamente con base en la intuición, sino integrar ambas cosas: el análisis consciente y los destellos intuitivos.

De esta manera, el *trader* puede desarrollar una perspectiva más equilibrada y amplia, aprovechando no solo los datos objetivos, sino también la información que proviene de la corriente de las variantes. Es la integración de la razón y la intuición lo que permite operar de una manera más completa, tomando decisiones que están fundamentadas tanto en el análisis racional como en una percepción más profunda e intuitiva de lo que está ocurriendo.

Fluir con esta corriente también implica dejar de luchar contra las condiciones del mercado. Muchos operadores se sienten frustrados cuando el entorno no se comporta de la manera que habían previsto, y esta frustración puede llevar a decisiones impulsivas. En lugar de luchar contra la dirección que toman las circunstancias, fluir con la corriente significa aceptar lo que está sucediendo y adaptarse.

Al hacerlo, el *trader* puede evitar decisiones motivadas por el ego o el miedo, y alinearse con el flujo natural de la información y las tendencias. Fluir significa reconocer que el entorno financiero tiene su propio ritmo y dirección, y que nuestra tarea no es forzar un resultado, sino adaptarnos y encontrar la mejor manera de navegar en esas aguas. Los operadores que logran alinearse con la corriente suelen ser aquellos que encuentran oportunidades incluso en momentos de alta volatilidad, ya que no se resisten, sino que se adaptan.

Otro aspecto importante de la corriente de las variantes en el contexto del *trading* es la capacidad de reconocer cuándo no actuar. A veces, la mejor decisión es no tomar ninguna acción, y esto también puede ser guiado por la intuición. La corriente de las variantes puede proporcionar señales no solo para entrar en una operación, sino también para saber cuándo es mejor mantenerse al margen y esperar.

Esta paciencia y capacidad de escuchar a la intuición es fundamental para evitar operar de manera impulsiva y cometer errores que podrían haberse evitado. Fluir con la corriente significa saber cuándo actuar y cuándo esperar, y esta sabiduría solo puede surgir de una profunda conexión con nuestro subconsciente.

En resumen, la «Corriente de las Variantes» es una fuente poderosa de información e inspiración que todos podemos aprender a aprovechar. En el contexto del *trading*, implica confiar en la intuición, fluir con las condiciones y dejar de resistirse a lo que sucede. Al integrar este enfoque con el análisis racional, los operadores pueden tomar decisiones más acertadas y operar de una manera más fluida y conectada con el entorno financiero.

Esta integración de lo racional y lo intuitivo permite a los inversores ser más adaptables y creativos, y enfrentar los desafíos con una mentalidad abierta y flexible. Fluir con la corriente de las variantes es, en última instancia, una forma de operar que está alineada con las fuerzas naturales del mercado, lo cual puede proporcionar una ventaja significativa en un entorno tan competitivo y cambiante.

Conectando con el campo de las variantes

El concepto de "Conocimientos de Ninguna Parte" es otro elemento fundamental desarrollado por Vadim Zeland en su modelo de Transurfing. Este concepto se refiere a la capacidad que tienen ciertas personas de acceder a información o ideas que no parecen provenir de ninguna fuente lógica o racional, sino que surgen de un lugar más profundo e inexplicable. Zeland explica que estos conocimientos provienen del campo de información universal, también conocido como el espacio de las variantes.

Aunque todos tenemos acceso a este campo, solo unos pocos elegidos logran percibir estos datos de manera clara. Para la mayoría de las personas, estos conocimientos se presentan como presentimientos, intuiciones o ideas poco definidas, que parecen surgir sin una causa evidente.

En el modelo de Zeland, el subconsciente tiene la capacidad de conectarse con este espacio de información, mientras que la mente consciente, al estar siempre ocupada con el monólogo interior y los razonamientos lógicos, tiene dificultades para escuchar y comprender las señales que llegan desde el subconsciente. Esta desconexión es la razón por la cual muchas veces no logramos aprovechar el potencial de estas intuiciones o ideas creativas.

La mente se centra en lo que ya conoce, clasificando la información dentro de categorías establecidas y tratando de ponerle una etiqueta a todo lo que percibe. Con "categorías" me refiero a las estructuras mentales que usamos para agrupar conceptos y simplificar el entendimiento del mundo. Por ejemplo, cuando pensamos en una categoría como 'fruta', inmediatamente pensamos en elementos como manzanas, naranjas o plátanos, porque nuestra mente agrupa estos elementos bajo una misma etiqueta.

De manera similar, clasificamos ideas y experiencias con etiquetas para poder comprenderlas rápidamente. No obstante, cuando surge algo que no encaja en ninguna de las categorías ya establecidas, como un concepto o experiencia totalmente nueva, nuestra mente tiende a rechazarlo o a tener dificultades para procesarlo. Cuando llega información que no encaja dentro de estas categorías, la mente la percibe como algo incomprensible, lo cual dificulta su utilización. Esta limitación puede impedir que accedamos a conocimientos valiosos que podrían transformar nuestras vidas si los reconociéramos y utilizáramos.

Este proceso se manifiesta en la ciencia y el arte. Muchos científicos y artistas han descrito sus momentos de inspiración como algo que surge de repente, casi como si la respuesta emergiera de una fuente misteriosa. En lugar de ser el resultado de un análisis lógico prolongado, la solución o inspiración aparece de forma espontánea, como un destello de intuición.

Según Zeland, este destello es la conexión del subconsciente con un sector no realizado del espacio de variantes, donde la información existe en su forma más pura, sin interpretaciones ni etiquetas. Es decir, la creatividad no es solo una cuestión de pensamiento racional, sino un acto de conexión con una fuente más profunda y desconocida.

Para ilustrar este concepto, podemos remitirnos a la historia del científico Friedrich August Kekulé, quien descubrió la estructura del benceno gracias a un sueño. Kekulé había estado trabajando durante mucho tiempo en el problema de determinar la estructura de esta molécula, pero no encontraba una solución lógica. Una noche, mientras descansaba, Kekulé soñó con una serpiente que se mordía la cola, formando un círculo. Al despertar, tuvo una revelación: la estructura del benceno era cíclica, algo que hasta ese momento no había considerado.

Esta imagen, aparentemente surgida de la nada, le permitió formular una de las teorías más importantes de la química orgánica. Este ejemplo muestra cómo el subconsciente, al conectarse con el campo de las variantes, puede traer información que no está disponible para la mente consciente mediante el pensamiento racional. De la misma manera, artistas como Salvador Dalí y escritores como Mary Shelley también relataron cómo sus obras surgieron de visiones o sueños, lo que ilustra la idea de que la creatividad genuina se alimenta de algo más allá del razonamiento convencional.

El reto principal para aprovechar estos conocimientos que surgen "de ninguna parte" radica en aprender a sincronizar la mente y el alma. La mente, que representa nuestra parte consciente y racional, necesita aprender a escuchar las señales del alma, que es donde reside el subconsciente y la capacidad de conectarse con la información universal.

Para ello, es necesario aprender a reducir el ruido mental y permitir que las señales del alma lleguen a la conciencia. Este proceso de sincronización no es fácil, pero es fundamental si deseamos acceder a un nivel de comprensión más profundo y aprovechar la sabiduría que ya está disponible para nosotros.

Una técnica efectiva para lograr esta sincronización es la meditación. Al meditar, podemos acallar el constante monólogo interior de la mente y crear un espacio de silencio donde las señales del subconsciente puedan ser escuchadas. Es en estos momentos de calma y quietud cuando es más probable que surjan presentimientos, intuiciones o destellos de inspiración.

La meditación no solo ayuda a reducir el ruido mental, sino que también mejora nuestra capacidad de concentrarnos y prestar atención a las sensaciones internas, lo cual es esencial para captar las señales del alma. La práctica regular de la meditación nos ayuda a establecer un canal más abierto entre la mente consciente y el subconsciente, permitiendo que la información fluya de manera más natural y efectiva.

Otra forma de desarrollar esta conexión es prestar atención a las sensaciones de comodidad o incomodidad interior. El alma se comunica a través de sensaciones; por ejemplo, cuando algo nos parece "bien" o "mal" sin una razón aparente. Aprender a reconocer estas sensaciones y darles importancia puede ayudarnos a tomar decisiones más alineadas con nuestra intuición y nuestro verdadero ser. Muchas veces, la mente tiende a ignorar estas sensaciones porque no pueden ser explicadas lógicamente, pero si logramos prestarles atención, podemos acceder a un nivel de conocimiento más profundo y sabio. Esto implica cultivar la habilidad de discernir entre el ruido mental y las auténticas señales del alma, lo cual puede transformar nuestra manera de tomar decisiones.

Un ejemplo cotidiano podría ser la toma de decisiones importantes. Supongamos que una persona está considerando cambiar de trabajo. La mente consciente podría analizar todas las variables: salario, beneficios, estabilidad, etcétera, y llegar a una conclusión basada en esos datos objetivos. Sin embargo, el alma podría estar enviando una señal de incomodidad, una sensación de que algo no está bien, aunque todos los datos lógicos apunten a que es una buena decisión.

Si la persona aprende a escuchar esa voz interior, podría evitar tomar una decisión que, aunque parece correcta desde un punto de vista racional, podría no ser la más adecuada para su bienestar y realización personal. Este tipo de decisiones son las que, cuando se toma en cuenta la intuición, pueden llevarnos a resultados que nos alinean mejor con nuestro propósito de vida y nuestra felicidad.

En el ámbito de la creatividad, aprender a escuchar la voz del alma puede ser la clave para acceder a una inspiración genuina. Los artistas que logran crear obras maestras no lo hacen solo a través del dominio técnico, sino también porque son capaces de conectarse con algo más profundo y dejar que la inspiración fluya a través de ellos. Esta inspiración no viene de la mente racional, sino del alma, que está conectada con el campo de las variantes.

Practicar actividades que fomenten la relajación y el estado de flujo, como caminar en la naturaleza, escuchar música o simplemente desconectar de las preocupaciones diarias, puede ayudar a abrir esta conexión y permitir que las ideas fluyan con mayor facilidad. Este estado de flujo, conocido también como "flow", es un estado en el que la mente y el cuerpo trabajan en perfecta sincronía, y el tiempo parece detenerse, permitiendo que la creatividad se exprese sin obstáculos.

Además de la meditación y el estado de flujo, otra herramienta útil para fortalecer la conexión con el subconsciente es la visualización creativa. Visualizar nuestros objetivos o situaciones de manera relajada, sin forzar resultados, puede ayudar a que el subconsciente se sintonice con los sectores del espacio de variantes que contienen la realidad que deseamos experimentar. Este ejercicio de visualización no solo nos enfoca, sino que también permite que el alma se conecte con las variantes favorables, proporcionando un sentido de claridad y dirección que va más allá del razonamiento lógico.

En resumen, los "Conocimientos de Ninguna Parte" son una manifestación de nuestra capacidad de conectarnos con un campo de información universal a través del subconsciente. Para aprovechar esta capacidad, es esencial aprender a sincronizar la mente y el alma, acallando el ruido mental y prestando atención a las sensaciones y presentimientos internos. Meditar, practicar mindfulness, fomentar el estado de flujo y aprender a escuchar nuestra voz interior son herramientas poderosas para acceder a estos conocimientos que pueden transformar nuestra creatividad, nuestras decisiones y nuestra vida en general.

Al abrirnos a esta fuente de información más profunda, podemos descubrir nuevas posibilidades, innovar de formas inesperadas y vivir de manera más alineada con nuestro ser auténtico. La clave está en confiar en esa voz interna que nos guía y permitir que la sabiduría del alma influya en nuestras decisiones y acciones, transformando así nuestro mundo de una manera significativa y enriquecedora.

Suplicante, Resentido, y Guerrero

Zeland nos presenta tres arquetipos de comportamiento frente a los retos y circunstancias de la vida: el suplicante, el resentido y el guerrero. Cada uno de estos roles describe una actitud específica que los seres humanos suelen adoptar cuando se enfrentan a situaciones difíciles o cuando buscan alcanzar sus metas.

A pesar de ello, ninguno de estos enfoques es ideal desde la perspectiva del Transurfing, ya que cada uno implica una forma de dependencia de los péndulos y una falta de fluidez para alinearse con el espacio de las variantes. Comprender la naturaleza de estos roles y sus limitaciones nos permite elegir conscientemente un camino diferente, uno en el que podemos ser dueños de nuestro destino y actuar de forma alineada con nuestras verdaderas intenciones.

El suplicante es quien se rinde ante la vida y acepta pasivamente lo que el destino le depara. No asume responsabilidad sobre su propia existencia y se deja llevar por la corriente como un barquito de papel. Al tomar esta postura, el suplicante se convierte en una marioneta, dejando que los péndulos tomen el control de su vida. En vez de decidir por sí mismo, el suplicante se resigna, se queja y pide a las fuerzas superiores que le otorguen lo que desea. Pero la vida no responde a la súplica pasiva, ya que este enfoque carece de la fuerza para generar cambios reales.

Esta actitud genera una desconexión con el poder personal y perpetúa la sensación de impotencia. Un ejemplo cotidiano del suplicante podría ser una persona que, insatisfecha con su trabajo, no toma ninguna acción para buscar algo mejor y en su lugar se queja constantemente, esperando que la vida o alguien más lo solucione. Esta persona se encuentra atrapada en un ciclo de espera y frustración, sin comprender que tiene el poder de cambiar su situación si decide actuar.

Por otro lado, el Resentido es quien no se conforma con lo que la vida le ofrece, pero en lugar de tomar acciones efectivas, adopta una actitud de queja constante y exige lo que cree que le corresponde. Esta actitud solo genera resistencia y refuerza los potenciales de importancia, que terminan trabajando en su contra. El Resentido no solo se queja, sino que también culpa a los demás por sus problemas y considera que el mundo está en deuda con él.

Esta forma de pensar refuerza el papel de víctima y alimenta la negatividad, creando un círculo vicioso donde el descontento atrae más situaciones que justifican ese descontento. Un ejemplo del resentido podría ser una persona que, al no obtener un asenso en el trabajo, culpa a sus compañeros y jefes, y se queda atrapada en la amargura y el enojo, sin darse cuenta de que esa actitud lo aleja aún más de sus objetivos. En lugar de buscar una solución o mejorar sus habilidades, el Resentido se enfoca en culpar y lamentarse, lo cual solo perpetúa su insatisfacción.

Finalmente, está el Guerrero, quien decide tomar las riendas de su vida, pero lo hace a través de la lucha constante. El Guerrero cree que para alcanzar sus metas debe pelear contra todas las dificultades, abrirse paso a codazos y competir con los demás.

Aunque esta actitud es más productiva que la del Suplicante o el Resentido, sigue estando lejos del enfoque propuesto por el Transurfing, ya que implica un desgaste constante de energía y una percepción de la vida como una batalla. El Guerrero puede alcanzar sus objetivos, pero siempre a un alto costo, y al final, la sensación de logro queda opacada por el agotamiento y el sacrificio.

Este enfoque promueve la idea de que nada valioso se obtiene sin sufrimiento, lo cual limita nuestra capacidad de experimentar el proceso con gozo. Un ejemplo del Guerrero podría ser alguien que trabaja incansablemente para construir una carrera exitosa, sacrificando su salud y sus relaciones personales en el proceso, creyendo que esa es la única forma de triunfar. Aunque logre el éxito profesional, la falta de equilibrio le deja con una sensación de vacío y un costo emocional que opaca el logro alcanzado.

Vadim Zeland sugiere un enfoque alternativo a estos tres arquetipos, una actitud que podríamos llamar la del Dueño de su Destino. En lugar de pedir como el suplicante, exigir como el Resentido o luchar como el Guerrero, el Dueño de su Destino simplemente "va y toma" lo que desea. Esto no significa actuar con arrogancia o sin respeto hacia los demás, sino más bien adoptar una actitud de confianza y determinación, sin darle una importancia excesiva a los obstáculos ni crear potenciales de conflicto.

El dueño de su Destino no ve los desafíos como barreras insuperables, sino como oportunidades para aprender y crecer. Al dejar de lado la importancia y fluir con la corriente de las variantes, se abren oportunidades que parecen llegar sin esfuerzo, porque uno está alineado con la realidad que desea crear. Esta actitud se basa en la premisa de que todos tenemos el poder de generar nuestras circunstancias y que no necesitamos luchar contra el mundo para obtener lo que queremos.

Para ilustrar este enfoque, imaginemos a alguien que quiere comenzar un negocio propio. En lugar de quedarse esperando una "señal" del universo, como el suplicante, o de quejarse por la falta de apoyo financiero, como el Resentido, o de trabajar sin descanso sacrificando todo, como el Guerrero, el Dueño de su Destino decide actuar de manera consciente. Define su objetivo con claridad, empieza a dar pasos concretos, busca recursos y contactos, pero sin caer en la desesperación ni crear resistencia.

Mantiene la confianza de que si está alineado con su propósito, las cosas se irán dando de manera natural. De este modo, fluye con la corriente de las variantes, moviéndose hacia su meta sin forzar las cosas, pero también sin quedarse pasivo. Esta actitud no solo le permite avanzar hacia su objetivo, sino que también disfruta del proceso, encontrando equilibrio y satisfacción a lo largo del camino. La clave está en actuar con intención y sin la carga de la importancia excesiva que crea tensión y resistencia.

La clave está en renunciar a la importancia. La importancia crea tensión, resistencia y pérdida de energía. Cuando dejamos de atribuir una importancia excesiva a los obstáculos, estos empiezan a desvanecerse por sí solos. La importancia, tanto exterior como interior, actúa como un ancla que nos mantiene atados a situaciones difíciles y a patrones de pensamiento negativos. De este modo, el Dueño de su Destino no ve la vida como una lucha, sino como un juego en el que puede elegir libremente y mover las piezas con confianza y serenidad.

Al adoptar esta actitud, se convierte en el verdadero creador de su realidad, capaz de alcanzar sus objetivos sin las cargas innecesarias del conflicto, la resignación o el descontento. En lugar de luchar contra las circunstancias, aprende a navegar entre ellas, aprovechando las corrientes favorables del espacio de las variantes. La sensación de fluidez y facilidad que se experimenta al actuar sin la carga de la importancia es lo que permite que los resultados lleguen de manera más efectiva y con menor desgaste emocional.

La invitación de este capítulo es a reflexionar sobre cuál de estos roles estamos asumiendo en nuestras vidas y a considerar la posibilidad de transformarnos en Dueños de nuestro Destino. En lugar de dejar que los péndulos nos manejen o luchar en su contra, podemos elegir alinearnos con el flujo del espacio de variantes y simplemente tomar aquello que ya está disponible para nosotros. La verdadera libertad radica en esta capacidad de elegir nuestro propio camino sin el peso de la importancia, fluyendo con confianza hacia lo que deseamos.

Al convertirnos en Dueños de nuestro Destino, comenzamos a experimentar una realidad más alineada con nuestros deseos y propósitos, una realidad en la que no necesitamos luchar contra la corriente ni resignarnos a lo que nos toque. Podemos vivir con intención, disfrutando del proceso y sabiendo que estamos en el camino correcto.

Esta actitud nos permite ser más conscientes de nuestras elecciones, asumir la responsabilidad de nuestras acciones y vivir con una sensación de libertad y propósito que trasciende las limitaciones de los arquetipos anteriores. Es una invitación a vivir con plenitud, confianza y autenticidad, tomando el control de nuestra vida sin resistencia innecesaria y con la certeza de que todo lo que necesitamos ya está a nuestro alcance, esperando a ser tomado.

Una alternativa al Guerrero

Consideraremos una tercera alternativa frente a los extremos del Suplicante, el Resentido y el Guerrero: aprender a moverse intencionadamente con la corriente de la vida. A diferencia del Suplicante, que se deja llevar sin voluntad, o del Guerrero, que lucha sin descanso contra la corriente, este enfoque busca aprovechar la corriente natural de las variantes para alcanzar nuestras metas de una manera más fluida y efectiva. La clave está en encontrar el equilibrio entre actuar con intención y no crear una resistencia innecesaria, dejándonos guiar por la dirección más favorable.

Zeland explica que la corriente de las variantes es como un flujo natural de eventos y circunstancias que ya están organizados en el espacio de las variantes. Es como un río que fluye de forma natural y que, si sabemos cómo navegar, puede llevarnos a donde queremos sin necesidad de remar frenéticamente contra la corriente ni dejarnos llevar sin control. La corriente contiene las soluciones óptimas a nuestros problemas y, al aprender a fluir con ella, podemos encontrar esos caminos que requieren menos energía y esfuerzo. Aprender a moverse con la corriente no significa ser pasivo, sino adoptar una actitud de conciencia plena que nos permita aprovechar lo que la vida nos ofrece de manera eficiente.

En la vida cotidiana, esto significa no complicar innecesariamente las cosas y buscar siempre la solución más sencilla. Imaginemos que necesitamos encontrar un lugar donde comprar un regalo para nuestro hijo en Navidad. En lugar de sobreanalizar la situación y recorrer media ciudad siguiendo un plan complejo, podríamos confiar en nuestro instinto y comenzar por las tiendas cercanas. Muchas veces, lo que necesitamos está más cerca de lo que pensamos, pero la mente, bajo la presión de la importancia, tiende a buscar soluciones complicadas.

Esto no solo genera estrés, sino que también nos desvía de la solución más directa y eficiente. Aprender a confiar en la simplicidad nos permite liberarnos de la carga de la preocupación excesiva. Otro ejemplo sería el de alguien que tiene una larga lista de tareas pendientes. En lugar de estresarse por decidir cuál es la más importante y tratar de planificar cada detalle, puede simplemente comenzar con la tarea que esté más a mano y que se pueda hacer con facilidad. Así, el flujo natural de las acciones lo irá guiando hacia completar el resto sin tanta tensión ni desgaste. Actuar de manera sencilla y directa facilita que todo encaje de manera natural, sin la necesidad de crear problemas artificiales.

En el contexto del *trading*, moverse con la corriente implica aprender a reconocer las tendencias sin tratar de anticiparse o forzar una operación. Muchos operadores, al adoptar el papel del Guerrero, intentan luchar contra las condiciones, creyendo que con suficiente esfuerzo y análisis podrán vencerlas. Pero el entorno financiero es una fuerza que no se puede controlar, y esta lucha constante lleva al agotamiento y, con frecuencia, a pérdidas.

La mentalidad del Guerrero en el *trading*, aunque valiente, a menudo se traduce en intentos fallidos por adelantarse a los movimientos del mercado, lo cual puede generar frustración y desgaste emocional. Por el contrario, un *trader* que fluye con la corriente aprende a observar con objetividad, sin apegos ni importancia excesiva, y toma decisiones que se alinean con las tendencias predominantes. Si se presenta una tendencia alcista clara, el inversor que se mueve con la corriente aprovechará esa dirección en lugar de intentar predecir el momento exacto en que cambiará de rumbo.

Al reducir la importancia y aceptar el flujo natural de las circunstancias, se generan menos potenciales de conflicto y las decisiones se toman con más claridad y menos tensión. Esta actitud también permite al *trader* ser más flexible y adaptarse mejor a los cambios, ya que no se siente obligado a luchar constantemente contra la dirección del mercado.

Por ejemplo, imaginemos a un inversor que está viendo una tendencia alcista en el Bitcoin. El Guerrero podría intentar encontrar el punto exacto donde la tendencia cambiará, buscando entrar en una operación corta (en corto) con la esperanza de capturar el máximo beneficio. Sin embargo, este enfoque a menudo conduce a la frustración, ya que es muy difícil predecir con precisión ese cambio.

En lugar de luchar contra la tendencia, un *trader* que se mueve con la corriente podría simplemente esperar una confirmación de que la tendencia continúa y entrar en una posición larga (en largo) para aprovechar el movimiento que ya está ocurriendo. Este enfoque no solo reduce el riesgo, sino que también permite operar con mayor tranquilidad y confianza, aprovechando el flujo natural en lugar de resistirse. De esta forma, el inversor logra resultados más consistentes y se siente menos desgastado emocionalmente, ya que no está tratando de vencer al mercado, sino que fluye con él.

La clave para moverse con la corriente es renunciar a la importancia. La importancia, tanto interior como exterior, es lo que genera tensión y resistencia, lo cual a su vez crea potenciales excesivos que distorsionan nuestra percepción y dificultan nuestras acciones. Cuando dejamos de atribuir una importancia excesiva a los resultados o a los obstáculos, comenzamos a ver el camino más claro y sencillo. Esto podría significar dejar de obsesionarse con cada movimiento y, en su lugar, confiar en la estrategia y permitir que las operaciones se desarrollen sin intervenir constantemente.

Al igual que en la vida, cuando nos movemos con la corriente, podemos encontrar las oportunidades óptimas sin tanto esfuerzo ni desgaste. Esto no implica actuar sin estrategia, sino más bien confiar en que nuestra preparación y conocimiento nos permitirán tomar las mejores decisiones sin forzar el proceso. La capacidad de soltar el control innecesario y dejar que las cosas se desarrollen a su ritmo es fundamental para reducir el estrés y mejorar los resultados tanto en el *trading* como en otras áreas de la vida.

Imaginemos también a alguien que quiere mejorar su salud física. El enfoque del Guerrero sería lanzarse a una rutina de ejercicios extremadamente intensa, creyendo que solo a través del sufrimiento y el sacrificio podrá alcanzar sus objetivos. Este enfoque puede llevar al agotamiento, a lesiones e incluso a un abandono temprano debido a la presión y el desgaste. En cambio, moverse con la corriente implicaría encontrar una actividad física que disfrute y que pueda realizar de manera constante, sin agotarse ni forzarse.

Podría comenzar con caminatas diarias o clases de baile, permitiendo que su cuerpo se acostumbre al movimiento y disfrutar el proceso. Con el tiempo, podría ir aumentando la intensidad de los ejercicios de manera natural, sin sentir que está luchando contra sí mismo. De esta forma, alcanzar sus objetivos se convierte en un proceso mucho más llevadero y sostenible. Además, al disfrutar de la actividad, la motivación se mantiene alta y los resultados llegan de forma más fluida, sin la sensación de estar constantemente luchando contra el cuerpo o las circunstancias.

Vadim Zeland nos recuerda que la corriente de las variantes ya contiene en sí las soluciones óptimas a nuestros problemas. Muchas veces, la mente, bajo la influencia de los péndulos y la importancia, se empeña en encontrar soluciones complicadas para problemas simples. La corriente de las variantes nos ofrece una alternativa más fácil: confiar en el flujo natural de los eventos y actuar con movimientos suaves y conscientes. Esto no significa ser pasivos, sino aprender a actuar en armonía con las circunstancias, sin crear tensión innecesaria.

Dejar de lado la resistencia nos permite aprovechar las oportunidades que se presentan de manera más efectiva, sin perder energía en luchas inútiles. Al adoptar este enfoque, podemos descubrir que muchos de los obstáculos que percibíamos eran en realidad creados por nuestra propia mente, y que la verdadera solución siempre estuvo ahí, esperando a ser tomada sin complicaciones.

Tenemos que aprender a soltar, a dejar de lado la necesidad de controlar cada detalle y a confiar en que el flujo natural de la vida nos llevará a donde necesitamos estar, siempre y cuando mantengamos una actitud consciente y estemos dispuestos a ajustar el timón cuando sea necesario.

En lugar de luchar contra la corriente o dejarnos llevar sin rumbo, podemos ser como un navegante habilidoso que conoce el poder del río y sabe cómo utilizarlo a su favor. Al movernos con la corriente, reducimos el desgaste, tomamos decisiones más efectivas y nos alineamos con las soluciones óptimas que ya están disponibles en el espacio de las variantes.

Esta actitud no solo nos permite alcanzar nuestros objetivos de manera más eficiente, sino que también nos ayuda a disfrutar más del proceso, a estar en paz con nosotros mismos y a experimentar una vida con menos estrés y más satisfacción. La corriente de la vida siempre está ahí, lista para guiarnos; solo necesitamos aprender a confiar en ella y a dejar que nos lleve hacia nuestras metas de manera natural.

¿Cómo leer las señales?

Vadim Zeland introduce el concepto de las "señales de guía" como un medio para navegar la corriente de las variantes con mayor eficacia. Estas señales son manifestaciones que el mundo nos presenta constantemente y que, si sabemos interpretarlas correctamente, pueden ayudarnos a evitar obstáculos o aprovechar oportunidades a lo largo del camino. La vida nos habla de muchas maneras, y es esencial aprender a escuchar y entender esos mensajes que a menudo se manifiestan como pequeñas coincidencias, intuiciones o incluso sucesos aparentemente aleatorios.

Las señales de guía funcionan como indicadores de posibles giros en la corriente de las variantes, señalando cambios significativos que pueden estar ocurriendo o que están por suceder. Estas señales pueden tomar muchas formas, desde situaciones que llaman nuestra atención inesperadamente hasta frases que alguien nos dice de manera espontánea. La clave está en reconocer cuándo algo se sale de lo habitual, cuándo parece haber una diferencia cualitativa en lo que está ocurriendo. Esa diferencia puede indicar una transición hacia otra línea de vida que podría ser más favorable o menos favorable, dependiendo de cómo respondamos.

Imagina que salías de casa con prisa para una reunión importante, pero después te das cuenta de que olvidaste algo y debes regresar. Para muchas personas, esto podría interpretarse como una señal negativa, un mal presagio. Si, al volver, empiezas a sentirte intranquilo o preocupado porque "volver atrás trae mala suerte", esa actitud puede afectarte negativamente y trasladarte a una línea de vida menos favorable, donde los obstáculos continúan apareciendo. No obstante, si tomas este incidente con calma, simplemente como un recordatorio de que algo se olvidó y sin atribuirle una carga emocional negativa, podrías evitar que esa perturbación afecte el resto de tu día.

En el contexto del *trading*, las señales de guía pueden ser cruciales para tomar decisiones inteligentes y evitar riesgos innecesarios. Los operadores experimentados saben que, a veces, el entorno financiero emite "señales" que indican un posible cambio de tendencia. Estas señales pueden ser patrones específicos en los gráficos, noticias inesperadas o incluso la sensación intuitiva de que algo no está bien. Un *trader* que está en sintonía con estas señales podrá ajustar sus posiciones y minimizar el riesgo de pérdidas. Por el contrario, ignorar estas advertencias puede llevar a decisiones impulsivas y costosas.

Consideremos el ejemplo de un inversor que, al revisar el mercado, nota que hay una volatilidad inusual en el precio de un activo en el que ha estado pensando entrar. En lugar de lanzarse de inmediato y seguir la corriente de la euforia general, decide detenerse y prestar atención a las señales: observa un aumento en el volumen de ventas y algunas noticias que podrían indicar un cambio drástico en el sentimiento del entorno. Al interpretar estas señales como una advertencia, el *trader* decide esperar antes de entrar, evitando así una posible caída que otros, menos atentos, no anticiparon.

Es importante aclarar que las señales no siempre son claras ni deben ser interpretadas de manera literal o supersticiosa. Las señales son simplemente indicaciones de que algo está cambiando. Por ejemplo, si estás manejando y de repente te encuentras con una serie de pequeños obstáculos, como semáforos en rojo o una fila de autos que ralentiza tu avance, podría ser una señal para que reduzcas la velocidad, no solo en el sentido físico, sino también en el mental: una invitación a reconsiderar tu enfoque o a reflexionar sobre tu prisa. Quizá sea una advertencia para evitar una situación riesgosa más adelante.

El mayor reto con respecto a las señales de guía es aprender a diferenciar entre lo que realmente es una señal y lo que simplemente es un evento aleatorio sin mayor significado. No todas las cosas que ocurren son indicaciones del universo; de hecho, la mayoría no lo son. Es por esto que Zeland sugiere que debemos prestar atención a aquellas situaciones que, de alguna manera, nos causan una impresión distinta, como si algo en nuestro entorno hubiera cambiado de calidad. También es crucial evitar crear potenciales excesivos al preocuparnos demasiado por cada pequeño evento, ya que eso podría llevarnos a ver señales donde no las hay, cayendo así en la paranoia o la superstición.

Para aquellos que buscan moverse de manera más eficiente con la corriente de la vida, reconocer las señales de guía puede ser una herramienta poderosa. La clave es mantener una actitud consciente, serena y abierta, pero sin caer en la obsesión. Si una señal llama tu atención y te genera una sensación negativa o de alerta, puedes considerarla como un aviso para ajustar tu rumbo o tomar precauciones adicionales. Por el contrario, si la señal te produce tranquilidad o una sensación positiva, podría ser una confirmación de que vas en la dirección correcta.

En resumen, las señales de guía son una forma en que la corriente de las variantes nos indica posibles cambios que se avecinan. Tenemos que estar atentos, pero no obsesionados, a esos pequeños mensajes que pueden ayudarnos a ajustar nuestro curso para movernos con mayor fluidez y efectividad. La vida siempre nos está hablando, y aprender a escucharla puede marcar una gran diferencia en cómo navegamos nuestras circunstancias y alcanzamos nuestras metas.

La importancia de las señales de guía radica en su capacidad para proporcionarnos información sobre lo que podría estar sucediendo a nuestro alrededor, incluso cuando no podemos verlo con claridad. Al aprender a reconocer estas señales, podemos actuar de manera más informada y proactiva, evitando decisiones impulsivas que podrían desviarnos de nuestras metas. Supongamos que estás en medio de un proyecto importante y todo parece ir bien, pero un día te encuentras con una serie de contratiempos pequeños: un correo electrónico que se pierde, un cliente que cancela una reunión o una falla en tu computadora.

El Arte del Trading Cuántico ∞ John Carballar

En lugar de frustrarte y tratar de forzar las cosas para que vuelvan a la normalidad, podrías interpretar estos obstáculos como una señal de que algo necesita ajustarse, ya sea en tu enfoque, en la manera en que estás gestionando el proyecto o incluso en tus expectativas. Tomarse un momento para reflexionar y reajustar podría evitar que una pequeña complicación se convierta en un gran problema más adelante.

Además, las señales de guía también pueden aparecer bajo la forma de oportunidades que inicialmente no reconocemos como tales. Muchas veces, estamos tan enfocados en un objetivo específico que ignoramos otras posibilidades que podrían ser incluso mejores. Por ejemplo, imagina que estás buscando empleo en un sector particular, pero durante tu búsqueda te llega una oferta en un área diferente. Si estás muy cerrado a nuevas oportunidades, podrías descartar esta oferta sin pensarlo. Sin embargo, si consideras la posibilidad de que esta oferta sea una señal que el universo te está presentando, podrías descubrir que es una oportunidad aún más alineada con tus talentos y aspiraciones. Este tipo de apertura a las señales es lo que nos permite movernos con mayor flexibilidad y adaptarnos mejor a los cambios.

En el ámbito del *trading*, esto también se aplica. Un *trader* que se apega demasiado a un análisis específico puede perder de vista señales importantes que el entorno financiero está ofreciendo. Quizá esté esperando un patrón técnico para confirmar una entrada, pero el entorno está mostrando signos de debilidad que no encajan con su análisis inicial. Si el *trader* está demasiado apegado a una sola estrategia, podría ignorar estas señales y entrar en una operación mala. Sin embargo, si está abierto a la posibilidad de que las condiciones estén indicando algo diferente, podrá ajustar su estrategia y evitar pérdidas. Este enfoque flexible y atento permite no solo minimizar riesgos, sino también aprovechar mejor las oportunidades cuando se presentan.

Otro aspecto importante de las señales de guía es que nos ayudan a mantenernos presentes. Cuando prestamos atención a nuestro entorno y estamos alertas a los pequeños cambios que ocurren a nuestro alrededor, nos mantenemos más conectados con el momento presente. Esta conexión nos permite responder de manera más efectiva a las circunstancias, ya que no estamos reaccionando de forma automática o desde el miedo, sino tomando decisiones basadas en la información que estamos recibiendo en el momento.

En el día a día, esto podría ser tan simple como notar cómo te sientes al interactuar con ciertas personas. Si una interacción te deja una sensación incómoda, eso podría ser una señal de que algo no está bien y que deberías reconsiderar esa relación o la forma en que te estás comunicando. En lugar de ignorar esas sensaciones, prestarles atención te ayudará a navegar mejor tus relaciones y a tomar decisiones más alineadas con tu bienestar.

Finalmente, cabe recordar que las señales de guía son herramientas, no certezas, y nos ayuda a mantener una perspectiva saludable. No se trata de buscar señales constantemente ni de interpretar cada pequeño evento como un mensaje del universo. Se trata de estar abiertos y conscientes, de ser capaces de notar cuándo algo nos llama la atención de manera especial, y de usar esa información para tomar decisiones más informadas.

La corriente de las variantes siempre está en movimiento, y nosotros tenemos la capacidad de navegarla con gracia y efectividad si aprendemos a escuchar las señales que nos ofrece. Con el tiempo, esta práctica de estar atentos a las señales se convierte en una forma natural de interactuar con el mundo, permitiéndonos fluir con la vida en lugar de luchar contra ella.

Déjalo ir

Aprendamos a dejar de ejercer un control excesivo sobre cada detalle de la vida y, en su lugar, confiar en que el flujo natural de los eventos puede llevarnos a donde necesitamos estar. La mente, obsesionada con el sentido común y el deseo de control, a menudo se convierte en el mayor obstáculo para el bienestar, ya que intenta ajustar constantemente la realidad para que coincida con un guion predefinido. Este "guion predefinido" se refiere a la planificación rígida que la mente hace sobre cómo deben desarrollarse los eventos, con expectativas detalladas que intentan mantener un control estricto sobre la realidad. A pesar de ello, esta lucha suele llevar a más problemas y frustraciones.

Zeland nos explica que la corriente de las variantes ya tiene las soluciones que buscamos, si tan solo nos permitiéramos aflojar el control y dejar que los eventos se desarrollen por sí mismos. Cuando la mente intenta tener todo bajo control, genera potenciales excesivos y resistencia, lo cual atrae problemas innecesarios. En lugar de eso, Zeland propone que soltemos la situación, lo cual significa dejar que los problemas se resuelvan sin intervención directa, siempre que sea posible. De esta manera, se elimina la tensión innecesaria y se permite que el flujo natural encuentre la solución más adecuada.

Para ilustrar este concepto, consideremos un ejemplo de la vida cotidiana: imagina que estás organizando una fiesta sorpresa y deseas que todo sea perfecto. Has planificado cada detalle minuciosamente, desde la decoración hasta la comida y el momento exacto en que llegará el invitado de honor.

No obstante, el día del evento, ocurren imprevistos: uno de los invitados llega tarde, la comida se demora más de lo esperado y algo de la decoración se desarma. Si insistes en que todo salga exactamente como lo habías planeado, te llenas de estrés y no disfrutas del momento. En cambio, si sueltas la situación y permites que la fiesta fluya de manera natural, podrás relajarte y disfrutar del evento junto con los demás, incluso si no todo sale como lo habías imaginado. El resultado podría ser incluso mejor de lo esperado, porque te permitiste a ti mismo y a los demás disfrutar sin la presión del control absoluto.

En el contexto del *trading*, "dejar fluir" implica dejar de intentar controlar cada movimiento del mercado. Muchos operadores novatos intentan predecir cada fluctuación y se sienten frustrados cuando el mercado no sigue sus predicciones. Esta necesidad de control puede llevar a malas decisiones, como sobreoperar o no cerrar una posición perdedora a tiempo. En lugar de esto, un *trader* experimentado entiende que no puede controlar el mercado; solo puede controlar su reacción ante él. Al liberarse del apego y aceptar que el mercado hará lo que tenga que hacer, el inversor puede tomar decisiones más racionales y menos impulsivas, ajustándose a las condiciones cambiantes sin generar tensión innecesaria.

Renunciar al control excesivo no significa ser pasivo o resignarse a cualquier resultado. Es un equilibrio entre actuar cuando es necesario y permitir que el flujo natural de los eventos continúe sin intervenciones innecesarias. Implica observar más y controlar menos, moviendo el centro de gravedad desde el control absoluto hacia la confianza en el flujo de la vida. Al hacer esto, obtenemos una perspectiva más amplia, lo cual nos permite identificar oportunidades y resolver problemas de una manera más efectiva y menos desgastante.

Un aspecto importante de este enfoque es comprender cómo la importancia excesiva nos aleja del bienestar. Cuando asignamos demasiada importancia a una situación, generamos potenciales excesivos, los cuales atraen fuerzas equilibrantes que terminan complicando las cosas. Al reducir la importancia y soltar la situación, eliminamos estos potenciales y permitimos que la solución llegue de forma más sencilla y natural. Si estás en una entrevista de trabajo y estás demasiado preocupado por impresionar al entrevistador, esa tensión podría jugar en tu contra. Pero si sueltas la situación, te permites ser tú mismo y fluir con la conversación, lo cual aumenta las probabilidades de causar una buena impresión.

En resumen, soltar la situación es un arte que requiere confianza en el flujo de la vida y la disposición de aflojar el control cuando sea necesario. Nos libera de la carga constante de intentar tener todo bajo control, permitiendo que los problemas se resuelvan de manera natural y que la vida nos sorprenda con soluciones que tal vez no habríamos imaginado. Es un enfoque que nos invita a movernos con la corriente en lugar de luchar contra ella, encontrando así un camino más armonioso y efectivo hacia nuestras metas.

Llegamos al final de este libro, un recorrido que ha sido tanto un viaje de introspección como una oportunidad de compartir con ustedes todo lo que he aprendido durante mi travesía como *trader*. Este viaje no ha sido fácil. Estuvo lleno de obstáculos, fracasos, aprendizajes y, lo más importante, momentos de profundo crecimiento personal y profesional. El *trading*, como he intentado transmitir en estas páginas, es mucho más que estrategias y análisis técnico; es una danza constante entre la mente, las emociones y el entorno.

Quisiera cerrar este capítulo con esta reflexión personal y un profundo agradecimiento a todas las personas que, de una manera u otra, han sido parte fundamental de mi historia. Este libro es también para ustedes, quienes han estado a mi lado, confiando en mí cuando incluso yo dudaba. A Iván, Uziel, Adrián y Luis, mis amigos que siempre me apoyaron en los momentos de incertidumbre. A mi familia, por su paciencia y amor constante. Mi esposa Itzia, mi compañera incansable, que nunca se apartó de mi lado a pesar de las dificultades, y me impulsó a seguir adelante cuando todo parecía perdido. Y a Leonardo, cuyo apoyo y fe en mis habilidades fueron claves para llegar donde estoy hoy.

Gracias a cada uno de ustedes, este sueño de ser *trader* se ha convertido en una realidad. Gracias por creer en mí, por confiar en mi capacidad de gestionar sus recursos y, sobre todo, por caminar conmigo en este desafío de navegar los mares complejos del mercado. Cada pérdida, cada triunfo y cada aprendizaje son también suyos.

| "Somos la suma de las personas que ayudamos a brillar"

Si este libro te ha aportado algo de valor o ha resonado contigo, te invito a dejar una reseña en la plataforma donde lo adquiriste. Tu opinión no solo me ayudará a seguir mejorando, sino que permitirá que este mensaje llegue a más personas que, como tú, pueden encontrar algo útil en estas páginas. No importa si es breve; cada comentario es una oportunidad para que otros descubran este contenido.

Gracias de nuevo, y que tu viaje continúe lleno de éxitos.